Self wedding
STYLE BOOK

셀프웨딩 스타일북

웬디 지음

책공방 초록비

머 리 말

오랫동안 웨딩일을 진행하면서
시간이 흐를수록 점점 강해지는 생각은 하나.

'아 이런 결혼식은 하지 말아야지…'

누가 오는지도 모르는 채 마냥 기다리고 있어야 하는 신부대기실
동물원 원숭이처럼 카메라를 향해 웃고 있어야만 하는 대기실 풍경
하객들의 표정은 볼 수 없고 단상만 바라보며 들어야 하는 지루한 주례사
넘어질까 노심초사하며 혼자서 걷지도 못하는 불편한 드레스
단체사진 속 누군지도 모르는 사람의 얼굴
시키는 대로 하며 정신없이 지나가 버리는 짧은 예식시간
그마저도 죄다 식사하러 자리를 비워 버리는 그 시간….

인생의 가장 중요한 순간인 결혼식에
왜 어울리지도 않는 모습을 하고 신부 코스프레를 해야 하는 걸까.
그렇게 40분마다 찍어내는 특별할 것도 기억날 것도 없는
결혼식들의 일부가 되는 것이
과연 꿈꾸던 결혼식일까.

신랑신부의 개성이나 스토리는 전혀 중요하지 않은 웨딩촬영
똑같은 드레스와 똑같은 헤어, 똑같은 포즈를 하고
똑같은 공간에서 웃으라면 웃고 앉으라면 앉으면서
친구의 친구 중 누구 하나와는 꼭 같이 겹칠 만한 사진을 찍고

비슷비슷한 액자를 신혼집에 걸어두면서
나만의 특별하고 한 번뿐인 결혼이라고 말할 수 있을까.

서투르고 모자라더라도
소박하지만 따뜻하고
축복해주는 많은 이들의 기억에도 추억이 될 수 있는
신랑신부가 축제의 주인공이 되어 즐길 수 있는
그런 결혼식이면 좋겠다.

그 마음이 자라서, '그런 결혼을 위한 일을 하고 싶다'가 되었고
우리나라에서는 조금 생소한 셀프웨딩이라는 문화에 도움이 되고 싶어서,
부족하지만 그동안의 노하우를 엮어서 책까지 내게 되었다.

인생의 새로운 시작점인 결혼을
둘만의 이야기로 특별하게 만들고 싶은 예비 신랑신부에게
도움이 되었으면 좋겠다.

웬디

contents

머리말 010

셀프웨딩, 테마웨딩, 프리웨딩… 다른 듯 같은 말들 016
셀프웨딩 촬영과 테마웨딩 모두 잡는다 018
무엇이든 물어보세요. 셀프웨딩에 관한 10문 10답 020

chapter 1 개성만점 신랑신부를 위한 셀프웨딩 촬영기획

셀프웨딩 촬영 개념잡기 026
셀프웨딩 촬영의 좋은 점, 힘든 점 028
셀프웨딩 촬영기획하기 030

1단계 : 콘셉트 잡기 | 2단계 : 장소 검색하기 | 3단계 : 촬영 포인트와 동선 정하기 | 4단계 : 촬영 포인트에 맞는 소품 준비하기 | 5단계 : 포인트별 포즈 시안잡기(별표 100개!!!) | 6단계 : 촬영 의상과 스타일링 정하기 | 7단계 : 촬영포인트와 의상 배치 | 8단계 : 타임 테이블 짜기

chapter 2 셀프웨딩 촬영 콘셉트와 포즈 잡기

컬러로 콘셉트잡기 041

순백의 신부 화이트 | 로맨틱함의 대명사 핑크 | 화이트 드레스가 더욱 돋보이는 블루 | 화보 같은 분위기를 원한다면 블랙 | 상큼하고 러블리한 옐로 | 냉정과 열정의 신비로운 색 바이올렛 | 뜨겁게 열렬히 사랑하리 레드 | 상큼발랄 오렌지

테마로 콘셉트잡기 059

영화를 모티브로 한 애니메이션 <up> 웨딩 | 동화를 배경으로 한 앨리스 웨딩 | 장소를 배경으로 한 경

마장 웨딩 | 상황을 콘셉트로 잡은 캠핑&피크닉 웨딩 | 장소를 배경으로 한 바다 웨딩 | 데이트 추억을 모티브로 한 캠퍼스 웨딩 | 상황을 콘셉트로 잡은 헬기장 웨딩 | 도시 자체가 배경이 되는 군산 웨딩 | 파티와 함께하는 브라이덜 샤워 웨딩

소품으로 콘셉트잡기 097
탈 하나로 연출되는 재미 | 우산 하나로 연출되는 러블리 | 자전거로 연출되는 자유분방함 | 풍선으로 만드는 행복

모델급 포즈잡기 107
멍하니 서있지 마세요! 커플샷도 색다르게 | 따로 찍어도 우리는 하나! 독사진 연출법 | 뒷모습이나 신체 일부도 멋진 사진이 된다 | 배경을 활용하라 | 밋밋한 키스는 싫어 | 소품을 이용하면 포즈도 업그레이드된다

셀프웨딩 촬영장소로 추천합니다 120
셀프웨딩 촬영장소 어떻게 고를까 | 셀프웨딩 촬영 추천장소

chapter 3 리얼웨딩, 셀프로 준비하기

결혼식의 진짜 주인공은 신랑신부여야 한다 132
리얼웨딩 기획하기 A to Z 134
리얼웨딩 콘셉트별 스타일링 140
리사이클 빈티지 웨딩 | 옐로 포인트의 성당 웨딩 | 음악과 함께 한 공연장 웨딩 | 저렴하게 진행할 수 있는 캠퍼스 웨딩 | 이태리 레스토랑에서의 하우스 웨딩 | 일반 웨딩홀에서의 작은 결혼식 | 이태리 레스토랑에서의 하우스 웨딩 | 일반 웨딩에 셀프웨딩을 접목한 시민청 예식

chapter 4 블링블링 스타일링 따라잡기

셀프웨딩 촬영을 위한 드레스 고르기 163
결혼식날을 위한 웨딩드레스 고르기 166
드레스 투어 전 알아둘 것 | 실루엣에 따른 웨딩드레스 | 네크라인에 따른 웨딩드레스 | 원단에 따른 웨딩드레스

나에게 맞는 드레스 스타일을 찾아라 175
빈티지 스타일 | 보헤미안 스타일 | 레트로 스타일 | 로맨틱 스타일 | 큐트 스타일 | 내추럴 스타일

나에게 맞는 헤어스타일을 찾아라 189
다양한 변화가 가능한 롱 헤어 | 상큼하고 사랑스러운 단발 헤어 | 스타일리시한 숏 헤어

웨딩 메이크업 포인트 알아두기 194
셀프 헤어스타일 만들기 196

웨딩의 격을 높여주는 웨딩소품 스타일링 199
베일 스타일 | 헤어장식 스타일 | 신부를 빛내주는 기타 웨딩소품 스타일

셀프웨딩&리얼웨딩 촬영용 데코소품 206

내 남자의 스타일링! 신랑 의상과 소품 207
컬러별 턱시도 스타일 | 체형별 턱시도 스타일 | 신랑의 소품 스타일링

한복에도 스타일링이 필요하다 217
클래식 한복 | 궁궐 느낌의 한복 | 개화기 시절 느낌의 개량한복

chapter 5 셀프웨딩 소품 만들기

DIY에 필요한 기본 재료들 224

화관 만들기 227
장미화관 | 화이트 화관 | 반쪽 화관 | 핑크장미 부쉬 화관 | 화이트 빅 화관

헤어장식 만들기 233
포인트 머리띠 | 8자 빈티지 머리띠 | 핑크리본 머리띠 | 진주 헤어밴드 | 모티브 헤어밴드 | 블루조화 코사지 | 리본 코사지 | 기본 꽃코사지 | 풍성한 꽃코사지 | 엣지 꽃코사지

부케 만들기 245
볼 부케 | 장미 부쉬 부케 | 엣지 부케 | 털실 부케 | 블루 빈티지 부케 | 핑크 부케 | 초간단 부케

보타이와 부토니에 만들기 253
기본 보타이 | 변형 보타이 | 빈티지 부토니에 | 깃털 부토니에 | 작은 장미 부토니에 | 꽃 부토니에 | 단추로 장식한 원단 부토니에 | 내추럴 보타이 | 오가닉 보타이 | 핑크통 보타이

셀프웨딩을 더욱 의미있게 만들어주는 여러 가지 소품들 264
방명록(우드 방명록, 캔버스 방명록) | 우드이니셜 | 답례품 | 링필로우 | 압화 예단편지 | 플라워박스 | 커플링 | 셀프축가

Thanks to 273

셀프웨딩, 테마웨딩, 프리웨딩…
다른 듯 같은 말들

요즘 핫하게 뜨고 있는 '셀프웨딩'이라는 말.
결혼을 계획하는 신부라면 심심치 않게 들어봤을 것입니다.
그런데 셀프웨딩의 정확한 뜻은 무엇일까요? 그 배경은 무엇일까요?

셀프웨딩^{selfwedding}은 '스스로'의 뜻을 지닌 self와 '결혼'이란 뜻을 지닌 wedding이 합쳐져서 만들어진 합성어입니다. 의역하자면 '스스로 준비하는 결혼'이 되겠지요. 그런데 그렇게 정의하자니 의미가 너무 광범위하지 않은가요?

현재 우리나라에서는 결혼 당사자인 신랑과 신부가 스스로 결혼사진을 준비하는 것을 '셀프웨딩' 또는 '셀프웨딩 촬영'이라 인식하고 있습니다. 명확하게는 셀프웨딩 사진, 셀프웨딩 드레스, 셀프웨딩 헤어, 셀프웨딩 부케, 셀프웨딩 데코레이션이라고 불러야 하겠지만, 결혼을 진행하는 도중에 필요한 어느 것 하나라도 스스로 기획하고 준비하는 것이 있다면 그 또한 셀프웨딩의 범주에 들어가는 것이랍니다. 그러니까 셀프웨딩이라는 것은 셀프웨딩 촬영에서부터 프리웨딩 촬영, 테마 결혼식까지의 모든 의미를 내포하고 있는 것이지요.

이와 비슷한 개념으로 '테마웨딩'이라는 것이 있는데요, 이는 신랑신부가 특별한 장소에서 특별한 콘셉트를 잡아서 하는 둘만을 위한 결혼식을 말합니다.
현재 우리나라에서는 셀프웨딩이라는 단어가 뜨고 있지만, 실제 외국에서는 거의 모든 결혼식이 테마로 이루어지고 있으며, 셀프웨딩이라는 단어는 플래닝 자체를 스스로 기획하거나 체크할 때 간혹 사용합니다.

셀프웨딩과 테마웨딩, 프리웨딩이라는 단어는 비슷한 듯 다른데요, 프리웨딩prewedding은 결혼식 전 촬영, 즉 스튜디오나 야외촬영을 뜻하고 테마웨딩thema wedding은 촬영이나 결혼식의 기획에 초점을 둔 것입니다. 그러므로 프리웨딩이든 테마웨딩이든 스스로의 기획이나 스스로 준비하는 것들이 하나라도 포함된다면 셀프웨딩이라고 부를 수 있을 것입니다.

셀프웨딩 촬영과
테마웨딩 모두 잡는다

셀프웨딩이라는 말이 생기고 셀프웨딩을 하는 사람들이 늘어나면서 셀프웨딩族이라는 신조어도 탄생했습니다. 그리고 이러한 신인류는 언제부터인가 우리 결혼문화를 바꾸어가고 있습니다. 어른들의 축제였던 결혼식이라는 문화가 서서히 신랑신부를 중심으로 한 파티문화로 바뀌고 있는 것이지요. 참, 긍정적인 변화 아닙니까?

둘만의 특별한 결혼식 혹은 결혼사진을 원하는 분
꼭 필요한 하객만 모셔놓고 작은 결혼식을 하고 싶은 분
유학생 커플이나 재혼하는 분
이런저런 사정이나 가치관으로 자유로운 결혼식을 추구한다면
각자의 의미있는 방법으로 웨딩의 시작과 끝을 준비해보세요.
그 특별함과 의미가 오랫동안 남을 것입니다.

지금과 같은 불경기에 셀프웨딩은 실용적이기까지 합니다.
허례허식을 없애고 선택과 집중을 함으로써 비용은 줄이고 만족은 배가 되는 것이죠.
과다한 혼수나 예단 등을 생략하는 것부터 시작해보세요.
결혼식 또한 간소하고 의미있게 준비해보세요.
주례나 식순 등을 과감히 버리고 본인이 원하는 순서와 형식으로
결혼식을 준비하는 겁니다. 제가 도와드릴게요.

셀프웨딩을 준비하거나 관심 있는 분들에게 가장 관심 있는 부분은 '셀프웨딩 촬영'과 리얼웨딩^{본식}에서 활용할 수 있는 '소규모 테마웨딩'입니다. 아마 많은 예비 신부들이 꿈꾸는 것일 텐데요. 이 책에서 중요하게 다루는 내용 또한 바로 이 두 가지, '스스로 기획하는 웨딩촬영'과 '스스로 만들어가는 결혼식'에 관한 것입니다.

웨딩 스타일리스트라는 직업적 특성상 저는 셀프웨딩을 준비하는 신랑과 신부를 많이 만납니다. 지금까지는 이들에게 웨딩 콘셉트를 잡는 것부터 드레스나 소품, 스타일링에 대한 조언과 진행, 리얼웨딩까지 아낌없는 노하우를 마구마구 풀어놓았는데요. 이제부터 제가 진행했던 커플들의 사례 중 참고가 될 만한 이야기들을 들려드릴게요. 당신만의 특별한 웨딩을 준비하는 데 도움이 되었으면 좋겠습니다.

무엇이든 물어보세요.
셀프웨딩에 관한 10문 10답

자, 그럼 셀프웨딩에 대해 궁금한 것들을 알아볼까요? 10문 10답으로 준비했습니다. 셀프웨딩의 모든 것. 하지만 이밖에 궁금한 것이 있다면, 네이버 카페 '잇셀프' http://cafe.naver.com/honsudoore 놀러오세요. 셀프웨딩에 관한 각종 자료도 있고, 실시간까지는 아니지만 친절한 답변, 기대해도 좋아요.

Q1. 셀프웨딩 촬영을 할 때 가장 먼저 해야 할 일은 무엇인가요?

제일 먼저 해야 하는 건 셀프웨딩 촬영날짜와 장소 정하기겠지요? 셀프웨딩을 찍을 장소는 정말 많아요. 인터넷에서 살짜쿵 검색만 해봐도 유명한 명소들을 검색할 수 있어요. 이 책의 챕터2에 촬영장소로 적당한 곳을 정리해놨으니, 참고해도 좋겠어요.
촬영 날짜가 중요한 이유! 사람들이 몰리는 주말 같은 때는 촬영을 하기가 참 힘들겠죠? 관람객이 많은 장소에서는 아예 웨딩촬영을 막기도 해요. 그러니 되도록 사람이 몰리지 않는 날짜와 시간대를 골라서 찍는 게 좋아요.

Q2. 셀프웨딩 잘 찍는 법이 따로 있나요?

셀프웨딩 촬영은 사방팔방 다양한 구도에서 작가가 찍어주는 게 아니기 때문에 사람들이 나오지 않는 쪽으로 구도를 잡아놓고 찍게 되는데요. 이게 처음에는 쉽지 않아요. 기껏 삼각대로 구도 맞춰놓고 찍으려고 하면 사람들이 지나가기도 하고, 계속 똑같은 구도의 사진만 나올 수도 있어요. 그러므로 촬영 전에 참고할 만한 시안을 많이 찾아두고요, 촬영할 장소의 지도를 필수로 챙겨서 동선을 미리 짜놓도록 하세요.

Q3. 셀프웨딩 촬영 시 준비해야 할 것은 무엇인가요?

사진을 찍으려면 가장 먼저 준비해야 할 것이 카메라죠. 그리고 삼각대는 꼭 준비해주세요. 삼각대 없이 바위나 난간에 카메라를 올려놓고 찍는 것은 너무 불편하니까요. 그리고 또 하나 추천할 물건은 리모콘이에요. 솔직히 셀프웨딩은 생각보다 힘들어요. 타이머 맞춰놓고 달려가서 찍고 그러는 건 한계가 있거든요. 부자연스러울 수도 있고요. 그러니 카메라, 삼각대, 리모콘은 꼭 챙기는 게 좋습니다. 요즘은 핸드폰 블루투스 기능이 있는 카메라도 많이 이용한다 하네요.

Q4. 의상준비는 어떻게 해야 할까요?

일단 셀프웨딩의 촬영 콘셉트를 결정하면, 그 콘셉트에 맞는 의상을 준비해야 해요. 사실 신랑은 기본 세미정장에 구두와 셔츠, 보타이 정도만 갖추어도 느낌이 살지만, 신부는 신경이 많이 쓰이죠. 의상은 인터넷에서 발품(?) 팔아 대여를 해도 되고 저렴하다 싶은 것은 구매해도 좋아요. 기본적으로 셀프웨딩 드레스는 10만 원 안팎에서 대여나 구매가 가능해요. 그리고 청바지에 흰 셔츠는 가장 베이직한 의상이므로 한 벌쯤 준비하면 좋아요, 이밖에도 콘셉트에 맞는 원피스나 스커트 등을 준비하면 좋은데, 평소에 입는 의상도 괜찮지만 조금 독특한 의상으로 포인트를 주어도 좋을 것입니다.

Q5. 소품은 무엇을, 어떻게, 어디서 구해요?

콘셉트를 정했으면 소품을 선택해야 합니다. 먼저 원하는 소품 리스트를 만드세요. 그리고 이를 구매하거나 직접 만들면 됩니다. 어떤 것을 선택하든 발품이나 손품이 들기 마련입니다. 다행히 요즘은 셀프웨딩에 관한 쇼핑몰이나 카페가 활성화되어 있어서 의외로 손쉽게 구할 수 있어요. 간단한 소품은 이 책의 챕터5를 참고해서 만들어보세요. 다양한 웨딩소품 만들기가 준비되어 있습니다.

Q6. 셀프웨딩에서 잘 나오는 포즈에 대한 조언 좀 해주세요.

특별히 사진이 잘 나오는 포즈라는 건 없어요. 하지만 카메라 앞에 서면 긴장해서 나도 모르게 차렷 자세나 굳은 표정이 나오는 경우가 많아요. 데이트하듯이 자연스러운 포즈를 취하도록 노력해보세요. 평소보다 좀 더 다정하고 달달하게 바라보는 것도 좋답니다. 연인의 눈빛만큼 사랑을 표현하는 포즈는 없으니까요. 그리고 여러 가지 시안을 준비해 따라해보는 것도 추천합니다. 다만 너무 어려운 포즈는 어색할 수 있으니 미리미리 연습을…. 촬영 시 기본 포즈는 이 책의 챕터2에서 알려드릴게요.

Q7. 셀프웨딩 촬영 후, 앨범은 어떻게 제작하나요?

셀프웨딩 촬영을 하다 보면 정말 많은 사진을 찍게 되는데요. 디지털 파일로 보관해도 좋지만 잘 나온 사진 몇 장은 앨범으로 남기는 것도 좋겠지요. 요즘은 셀프웨딩 촬영뿐 아니라, 베이비 사진도 셀프로 찍는 분들이 많아요. 그래서 포토앨범을 제작해주는 곳도 많답니다. '포토앨범' 등의 검색어로 간단하게 검색해보면 좋은 곳을 발견할 수 있습니다. 다만 원본보다는 보정본이 좀 더 예쁠 테니, 앨범 제작을 맡기기 전에 포토샵 보정 프로그램으로 살짝 보정을 하도록 하세요.

Q8. 리얼웨딩 준비, 장소는 어디가 좋을까요?

결혼 본식인 리얼웨딩을 준비하려면, 우선 하객 수에 따라 장소를 정하는 것이 중요합니다. 원하는 콘셉트를 정하는 것도 중요하겠죠. 제가 진행했던 리얼웨딩 콘셉트로는 성당에서의 웨딩, 오가닉 빈티지 웨딩, 음악과 함께한 공연장 웨딩, 캠퍼스 웨딩 등이 있어요. 그 내용은 챕터3에서 소개합니다. 이렇게 하객 수와 콘셉트에 따라 장소를 검색한 후 나만의 웨딩 세레모니를 준비하세요. 만약 맞지 않는 장소밖에 없다면 콘셉트를 바꾸어야 합니다.

Q9. 리얼웨딩 답례품도 준비해야 하나요? 어떤 게 좋을까요?

셀프웨딩을 기획하는 예비 신랑신부가 선호하는 리얼웨딩은 소규모 웨딩인 경우가 많습니다. 그런 경우에는 신랑신부의 친구나 친척 등 가까운 분들만 오기 때문에 소정의 답례품을 구비해놓는 경우가 대부분입니다. 요즘은 결혼식의 의미를 더하는 신랑신부들이 많아져 좀 더 기억에 남을 만한 답례품을 준비하곤 하더라고요. 저에게 가장 인상깊었던 답례품은 허브화분, 양초와 비누, 쿠키, 수제잼 등 간단하지만 정성이 들어간 것들이었답니다. 예쁜 포장 용기에 담아 보는 사람의 마음도 행복해지는 소소한 소품이면 충분하지 않을까요?

Q10. 리얼웨딩 시 드레스, 메이크업, 촬영은 어떻게?

셀프웨딩을 한다고 본식까지 셀프로 준비하기에는 여러 가지 제약이 따릅니다. 결혼식 당일은 신랑신부가 주인공이므로, 최대한 돋보일 수 있도록 도움을 받도록 하세요. 금액이 천차만별이긴 하지만 테마웨딩에 대한 플래닝을 해주는 곳도 있고요, 플래닝은 스스로 준비하더라도 드레스와 메이크업은 웨딩컨설팅 업체에 의뢰하는 방법도 있어요. 드레스를 직접 외국에서 사오는 예비 신부들도 있는데, 만약 사이트에서 20~30만 원선의 드레스를 구입해 결혼식에서 입으려는 것이라면 차라리 컨설팅을 통해 빌리는 것이 바람직합니다. 절약되는 금액에 비해 퀄리티가 크게 떨어지기 때문이죠. 게다가 베일, 이어링, 티아라, 슈즈 등의 소품과 턱시도 등을 함께 빌려주므로 대여가 오히려 더 저렴할 수 있어요. 사진 또한 스스로 기획하고 연출하는 결혼식인 만큼 잘 찍어 남기고 싶겠지요? 그렇다면 친구나 가까운 지인에게 맡기지 말고 전문 업체에 맡기는 것을 추천합니다. 예산을 세워서 그에 맞는 업체를 잘 찾아보세요.

chapter 1

개성만점 신랑신부를 위한 셀프웨딩 촬영기획

웨딩을 준비하는 여러 과정 중에 가장 추억에 남고 물질로도 남는 것은 앨범일 거예요. 셀프웨딩을 준비하는 예비 신부신랑들에게 가장 신경쓰이는 것이 뭐냐고 물어보면 '촬영'이라고 하더라고요. 이번 챕터에서는 남들과 똑같은 건 싫은 개성만점 신랑신부를 위한 '셀프웨딩 촬영 기획 A~Z'에 대해 준비했습니다. 시작해볼까요?

셀프웨딩 촬영
개념 잡기

옛날부터 서양에서의 결혼문화는 따로 웨딩촬영이라는 것이 없고, 결혼식날 온종일 파티를 하며 스냅을 찍는 것이 일반적이었어요. 최근 미국을 비롯해 유럽에서 프리웨딩$^{pre-wedding}$이 유행하고 있는데, 우리나라에서 '셀프웨딩 촬영'이라고 부르는 바로 그것이랍니다.

우리나라에 웨딩촬영 문화가 처음 들어왔을 당시에는 야외촬영이 주를 이루었어요. 아마 본 적이 있을 텐데요, 나무 곁에 서서 손가락으로 하늘을 가리키던 그 사진들 말이에요. 아무튼 그런 야외촬영을 시작으로 웨딩촬영 문화가 시작되었답니다.
그러다가 2000년대 초반부터 잘 꾸며진 스튜디오에서 촬영하는 문화가 성행하였고, 지금까지도 스튜디오 웨딩촬영은 활발하게 이루어지고 있어요. 스튜디오에서 사진작가가 정해주는 포즈에 따라 찍게 되는데, 이러한 사진을 지양하는 사람들과 다양한 외국문화가 들어오면서 셀프웨딩 촬영이 시작된 것이죠. 셀프웨딩 촬영은 최근 몇년 사이 급속도로 확산되고 있답니다. 자연스럽고 경제적으로 부담이 없기도 하고 '나에 의한, 나만을 위한, 나만 할 수 있는 사진'이라 그런 것 같아요.

참, 커플이 카메라와 삼각대를 둘러매고 여기저기 다니며 촬영을 하는 것도 셀프웨딩 촬영이지만, 최근에는 콘셉트와 의상, 소품은 직접 준비하고 사진작가를 섭외해서 날을 잡아 촬영을 진행하기도 해요. 셀프웨딩의 기본은 콘셉트를 잡는다는 것! 그리고 내가 좋아하는 장소에 가서 둘만의 사진을 찍는다는 것! 이게 포인트예요.

chapter 1. 개성만점 신랑신부를 위한 셀프웨딩 촬영기획

셀프웨딩 촬영의
좋은 점, 힘든 점

셀프웨딩 촬영이라고 해서 장점만 있겠어요? 시간과 장소에 구애가 없고, 상대적으로 경제적이기도 하고, 둘만의 의미있는 사진을 남길 수 있다는 점에서 예비 신랑신부뿐만 아니라 이미 결혼한 커플도 셀프웨딩 촬영을 기획하곤 하지만… 촬영장소 알아보랴, 드레스 알아보랴, 메이크업과 헤어 알아보랴, 소품 만들랴 보통 힘이 드는 게 아니랍니다. 게다가 촬영 당일은 어떻고요. 아무리 포즈를 잡고 열심히 찍어도 10개 찍어 1~2개 건지기 힘들 때도 있어요. 그러니 셀프웨딩 촬영의 좋은 점과 힘든 점을 곰곰이 생각해본 후 결정하고, 기왕 하기로 결정했다면 철저한 준비와 함께 Go Go! 그래야 힘도 덜 들고 시행착오도 줄어들 거예요.

셀프웨딩 촬영의 좋은 점

- 셀프웨딩 촬영의 가장 큰 장점은 뭐니 뭐니 해도 특별함과 자유로움입니다. 스스로 기획하고 스스로 콘셉트를 잡는다는 것, 그리고 내가 원하는 방식대로 촬영할 수 있다는 점이 가장 매력적이에요.
- 원하는 시간에, 원하는 시안대로, 아무런 제약 없이 마음껏 찍을 수 있어요. 드레스 벌수의 제한도 없고 캐주얼 의상 등 다양하게 매칭해서 입을 수 있습니다.
- 메이크업이나 소품 역시 원하는 느낌을 얼마든지 연출할 수 있습니다.
- 장소의 제한이나 시간의 한계도 없고요.
- 비용도 얼마든지 조정이 가능하기 때문에 한 번뿐만이 아니라 여러 번 촬영도 가능합니다. 그래서 셀프웨딩族들은 한 번에 촬영을 끝내지 않고 계절마다 혹은 콘셉트별로 여러 번 촬영하는 분들이 많답니다.
- 디지털 카메라와 포토샵만 있으면 사진 보정도 직접 끝낼 수 있어요.
- 함께 준비하기에 더욱 의미가 있는 촬영이라 거듭할수록 추억과 함께 사랑도 깊어진다는 장점도 놓칠 수 없네요.

셀프웨딩 촬영의 힘든 점

- 셀프웨딩이 아직 일반화되어 있지 않다 보니 정보가 부족해 난관에 봉착할 수 있습니다.
- 장소 검색부터 드레스 컨텍, 메이크업을 알아보다가 지치고, 소품 만들기에도 한계를 느끼게 됩니다.
- 혼자서 다 마련하고 만들어야 하기 때문에 생각보다 부담스러운 금액이 들 수도 있어요.
- 처음 결혼준비를 하는 것이다 보니(당연한가요!) 기획과 시안, 포즈의 연출이 부족합니다. 아무래도 준비를 하지 않으면 생각만큼 예쁜 그림이 나오지 않을 수 있습니다.
- 이밖에 카메라와 사진 촬영 테크닉이 부족해서 고민하는 분들도 많습니다. 야외촬영이 아닌 스튜디오 촬영을 원하는 분들도 있을 텐데, 스튜디오 촬영의 경우 장소 찾기가 어려워서 포기하기도 합니다.

셀프웨딩 촬영기획하기

이제 본격적으로 촬영에 대한 이야기를 시작해보겠습니다.
촬영을 하려는 대부분의 예비 신랑신부들을 보면
무작정 카메라를 들고 떠나서 고생을 하곤 하는데요.
모름지기 셀프웨딩族이라면 그런 시행착오는 없어야겠죠?
카메라 메고 무작정 출발하지 마세요. 어떻게 촬영할 것인지 기획부터 하세요.

1단계: 콘셉트 잡기

콘셉트를 잡는다는 것은 셀프웨딩을 어떤 느낌으로 찍어야 할지를 정하는 것입니다. 전체적인 가이드라인을 잡는 거죠. 막연히 마음속에 있던 생각을 하나의 콘셉트로 정해봅니다. 예를 들면 백설공주 테마라든지, 오렌지 칼라 포인트라든지, 복고나 로맨틱 스타일, 특별한 소품 활용 등 어떤 것이든 괜찮습니다. 평소 내가 결혼사진을 찍게 되면 어떻게 찍겠다고 생각했던 것, 둘이서 연출해보고 싶은 그 어떤 것이든 콘셉트가 될 수 있습니다. 너무 막연하다면 다음 내용을 기준으로 삼아서 대략적으로 잡아보도록 합니다.

- 드레스를 입을까? 평상복을 입을까?
- 소품은 어떤 것을 이용할까? (예. 우산, 음료, 자전거, 부케, 피켓팅, 책…)
- 헤어나 메이크업은 어떤 스타일로 할까? (예. 업스타일, 단발머리, 긴 웨이브…)
- 사진 속에 담고 싶은 이야기가 있을까?

2단계: 장소 검색하기

콘셉트에 맞는 장소를 검색하여 결정합니다. 평소 좋아하는 장소나 추억이 깃든 장소를 찜해 놓아도 좋아요. 예를 들어 대학교 커플이라면 둘만의 추억이 깃든 강의실이나 교내 주변을 촬영 장소로 삼는 거지요. 아! 장소를 먼저 정하고 그에 어울리는 콘셉트를 정해도 괜찮습니다. 순서는 바뀌어도 상관없어요. 이때 가장 중요하게 체크할 부분이 비용과 촬영 가능 여부입니다! 요즘은 셀프웨딩 촬영이 하도 많다 보니, 공원 같은 곳들은 간혹 촬영비를 받기도 하고 사전 허가를 받아야 하는 곳도 있거든요. 특히 데이트 스냅과 달리 드레스를 입고 찍는 세미 웨딩촬영은 촬영비를 받는 곳들이 많으니 꼭 알아보세요. 자칫 드레스를 입은 채 촬영을 거부당할 수도 있어요!

셀프웨딩 촬영장소로 각광받고 있는 곳은 인터넷에서 쉽게 검색할 수 있다. **왼**.경포대 **오**.서울박물관

3단계: 촬영포인트와 동선 정하기

셀프웨딩의 장소와 콘셉트가 정해졌으면 촬영포인트를 잡습니다. 데이트도 할 겸 미리 가서 포인트를 찍어 와도 좋지만, 요즘은 인터넷 검색만으로도 충분해요. 기존 촬영자들의 사진도 참고할 겸 검색해보세요. 공원 같은 곳들은 지도가 잘 만들어져 있어 편리하답니다.

이렇게 촬영포인트를 잡아두는 이유는 대략적인 동선을 짜놓아 시간과 노력을 절약하기 위함입니다. 미리 촬영포인트와 포즈를 준비해두어야 다양한 사진을 찍을 수 있고 지치지 않을 수 있습니다. 특히 공원 같은 경우 지도를 참고하지 않으면 동선이 겹쳐 버리거나 포즈나 배경이 비슷해져요. 또 원하는 시간 안에 사진을 다 찍을 수 없는 경우도 발생합니다.

해가 중천에 떠있을 때는 되도록 휴식시간으로 잡거나 그림자가 진하지 않은 곳이 해질 무렵의 분위기 컷을 원한다면 그것이 가능한 장소도 꼭 체크해야 합니다. 날짜에 따른 해의 위치를 잘 살피도록 하세요.

헤어스타일을 여러 번 바꿀 계획이라면 헤어스타일 위주로 동선을 짜는 게 좋습니다. 길게 푼 머리에서부터 묶은 머리, 업스타일 순으로 하는 것이 좋습니다. 일단 묶거나 올린머리는 다시 풀기에 어려운 데다 헤어스타일을 바꾸려면 상당한 시간이 걸리기 때문이에요.

공원이나 유명 관광지는 지도를 비치해놓기 때문에 동선짜기가 수월하다. 촬영포인트와 포즈는 미리 준비해둘 것.

4단계: 촬영포인트에 맞는 소품 준비하기

촬영포인트에 맞춰서 큰 소품을 준비하고 배치합니다. 피크닉 가방이라던가 풍선, 자전거 등…. 준비할 수 있는 소품을 적절히 배치하는 것이 중요합니다. 그리고 꼭 필요한 소품을 체크해서 구하는 것도 잊지마세요. 쓸데없는 짐이 많다면 촬영 시 지칠 수 있으니 꼭 필요한 것만 체크하세요.

예를 들면 자전거를 배경으로 드레스와 함께 찍으려고 계획한다면, 자전거와 드레스, 그에 맞는 부케나 화관, 코사지 등은 필수입니다. 하지만 사용하지 않을 베일이나 기타 의상, 기타 소품들은 불필요합니다. '혹시 몰라서…'라는 욕심은 버리세요. 콘셉트에 맞는 사진으로만 구성하기에도 쉽지 않습니다. 다른 콘셉트는 다음 촬영으로 넘겨버리세요!

5단계: 포인트별 포즈 시안잡기 (별표 100개!!!)

이 포인트에선 '뒷모습으로 찍고 싶다', '백허그해서 찍고 싶다'라는 기본적인 포즈를 셀렉팅합니다. 굳이 촬영포인트를 잡지 않았더라도, 찍고 싶은 포즈가 정해져 있으면 처음 가본 장소에서도 능수능란하게 알맞은 곳을 찾을 수 있습니다. 원하는 사진을 잘 체크해서 원하는 포인트를 찾아보세요. 시간도 줄이고 사진도 다양하게 나올 수 있는 비법입니다.
포즈 시안을 잡아가지 않으면, 그저 둘이 서있거나 안고 있거나 뽀뽀하고 있거나 그저 그런 사진으로만 도배될 수 있다는 점 명심하세요!

6단계: 촬영 의상과 스타일링 정하기

앞의 순서를 다 짜고 나서 해야 할 것이 '의상' 정하기입니다. 많은 예비 신부들이 의상부터 정하고 난 후 어쩔 줄 몰라 합니다. 맘에 드는 의상과 소품을 준비하여 촬영포인트에 서보니 막상 배경과 어울리지 않는 경우가 비일비재한 것이지요. 그러므로 셀프웨딩 촬영의 콘셉트와 촬영포인트를 먼저 결정한 후 의상을 잡는 것이 좋습니다. 물론 꼭 입고 싶은 의상이 있다면 그에 맞춰 촬영 장소를 물색해보아도 상관은 없습니다만…. 여하튼 앞의 5단계까지 준비를 하다 보면 자연스럽게 입어야 할 의상 스타일이 나올 것이란 말씀, 드리고 싶네요. 셀프웨딩 촬영 콘셉트별 의상 스타일은 챕터4에서 자세하게 살필 수 있습니다.

7단계: 촬영포인트와 의상 배치

이제 여러 촬영포인트에 맞춰서 의상을 고루 분배하는 차례입니다. 포즈와 동선에 맞게 갈아입을 순서를 정하고 어느 한쪽으로 치우치지 않게 고루 배치합니다. 간혹 골고루 찍은 것 같은데 '어라? 이 의상은 왜 이것밖에 없지?' 하는 일이 발생하지 않아야 하니까요. 체크해줄 사람이 따로 없으므로 미리 정해가는 것이 좋습니다. 아, 참! 옷 갈아입을 장소와 화장실도 미리미리 체크해두세요.

8단계: 작은 소품 정하기

셀프웨딩 촬영기획의 마무리 단계는 작은 소품을 정하는 것입니다. 베일을 쓸지, 액세서리는 어떤 것으로 할지, 슈즈 포인트는 어디서 들어가야 할지 등을 정하는 것이지요. 이걸 정해야 이것저것 다 사지 않고 필요한 것만 구입하거나 만들 수 있답니다.

9단계: 타임 테이블 짜기

이 단계를 거쳐 시안이 다 나왔으면 마지막으로 타임 테이블을 짜면 됩니다. 타임 테이블이란 쉽게 말하면 시간표인데요. 촬영 시 막바지에 촉박하지 않도록 적절히 시간을 배분하는 거예요. 셀프웨딩 촬영을 처음하는 예비 신랑신부들은 대개 앞에서 너무 열중한 나머지 뒷부분은 시간이 부족해 원하는 대로 찍지 못하거나 힘들어 대충 찍게 된다는 것인데, 프로가 아니므로 타이트하게 짤 필요는 없지만 '몇 시까지 여기는 돌겠다', '이곳은 몇 시쯤에 찍겠다' 정도의 계획을 세우면 좋을 것입니다. 그래야 빠뜨리지 않고, 허둥대지 않고 촬영할 수 있어요. 점심시간과 휴식시간 체크는 필수예요!

시간	장소	신부 의상	신랑 의상	포즈
	공원벤치			
	소호거리			

이렇게 셀프웨딩 촬영에 대한 계획을 세워놓으면 촬영은 물론, 짐싸기도 정리하기도 편하겠죠? 조금 도움이 되셨나요? 자, 그럼 지금부터 본격적으로 촬영 콘셉트를 잡아보도록 하겠습니다.

chapter 2
셀프웨딩 촬영 콘셉트와 포즈잡기

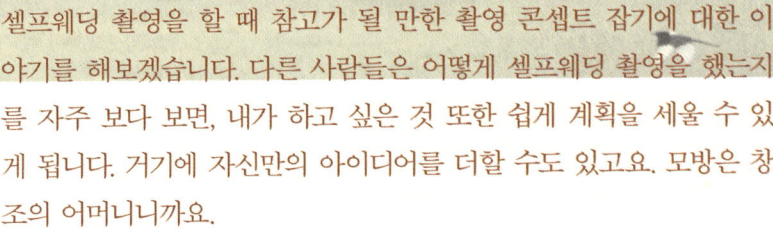

셀프웨딩 촬영을 할 때 참고가 될 만한 촬영 콘셉트 잡기에 대한 이야기를 해보겠습니다. 다른 사람들은 어떻게 셀프웨딩 촬영을 했는지를 자주 보다 보면, 내가 하고 싶은 것 또한 쉽게 계획을 세울 수 있게 됩니다. 거기에 자신만의 아이디어를 더할 수도 있고요. 모방은 창조의 어머니니까요.

촬영 콘셉트를 정할 때 중요한 것은 너무 욕심을 부리지 말라는 겁니다. 한 가지 콘셉트를 정해서 일관되게 촬영을 진행해야 재미있어 보이고 완성도가 돋보입니다. 가령 하나의 컬러로 통일하는 것도 좋고, 눈길을 끌 수 있는 어떤 테마를 모티브로 삼아도 좋겠지요. 혹은 장소와 스타일링으로 촬영 콘셉트를 정할 수도 있어요. 지금부터 소개하는 콘셉트들을 눈여겨보고 각자의 아이디어를 더해 자기만의 셀프웨딩 촬영 콘셉트를 잡아보세요.

독자 이벤트 자기만의 멋진 콘셉트로 셀프웨딩 촬영을 했나요? 그 사연과 사진을 잇셀프 카페에 올려주세요. 매달 한 명씩 뽑아 《셀프웨딩 스타일링북》을 선물로 드립니다. (2015년 12월까지)

컬러로 콘셉트잡기

쉽게, 그리고 일관성 있게 만족도를 높일 수
있는 것이 컬러로 콘셉트잡기입니다.
어떤 컬러든 하얀 웨딩드레스와 소품으로
포인트를 준다면 뭔가 조금 어설퍼 보여도
예쁘고 사랑스럽습니다. 웨딩촬영뿐만 아니라
결혼식 당일까지 하나의 컬러톤으로 콘셉트를
잡아도 멋진 스토리가 연출될 듯하네요.

순백의 신부
화이트

신부하면 순백의 색깔이 떠오르지 않나요? 화이트는 가장 단순하지만 가장 신부다운 색깔입니다. 청순하고 아름다운 화이트로 깨끗하고 순결한 신부가 되어 보세요. 특별한 컬러가 없어도, 화이트 만으로도 충분히 아름다움을 표현할 수 있습니다.

chapter 2. 셀프웨딩 촬영 콘셉트와 포즈잡기

White

로맨틱함의 대명사 핑크

핑크, 말만 들어도 왠지 달달한 솜사탕이 되어 버릴 것 같지 않나요? 그만큼 핑크는 로맨틱한 컬러인 것 같아요. 저도 언젠가 핑크색 립스틱이 어울리지 않는 나이가 되었다 느꼈을 때 슬픔이 밀려온 기억이 나는군요. 그러나 웨딩이니까 사진에서만큼은 러블리하게 핑크에 도전해 보세요.

chapter 2. 셀프웨딩 촬영 콘셉트와 포즈잡기   44 / 45

Pink

화이트 드레스가 더욱 돋보이는 블루

외국에서 찍은 웨딩 사진들을 보면 컬러가 많이 등장하는데 그중 참 많이도 등장하는 것이 블루입니다. 예로부터 서양에서는 블루가 순결과 의리, 고귀함을 상징하기 때문이라고 하는군요. 영국에서는 블루를 지니고 결혼해야 행복하다는 전설도 있답니다.

파란 부케나 파란 슈즈, 파란 코사지 등을 준비해보세요. 게다가 블루는 민트블루, 스카이블루, 코발트블루, 네이비블루 등 다양하게 응용하기 좋아요. 셀프웨딩은 주로 야외에서 이루어지기 때문에 블루를 잘 믹스한다면 아름다운 연출이 될 수 있어요.

chapter 2. 셀프웨딩 촬영 콘셉트와 포즈잡기

화보 같은 분위기를 원한다면 블랙

로맨틱한 사진도 예쁘겠지만 화보같은 멋진 웨딩사진을 꿈꾼다면 블랙&화이트로 매칭하는 것도 좋습니다. 블랙과 화이트는 시크하면서도 모던하고 촌스럽지 않죠. 게다가 쉽게 코디할 수 있다는 장점도 있습니다. 블랙이 가미된 웨딩이 얼마나 멋스러운지 일단 보시라니까요.

상큼하고 러블리한 옐로

왠지 봄에 하는 웨딩은 노랑이어야만 할 것 같지 않나요? 야외웨딩에 잘 어울려서인지 옐로를 콘셉트로 하는 사진은 정말 많은 거 같아요. 상큼하면서도 러블리하고, 선명한 색감답게 발랄하기까지 한 옐로를 콘셉트로 한 웨딩 사진, 한번 보시겠어요?

Yellow

냉정과 열정의 신비로운 색
바이올렛

고상함과 외로움을 동시에 느끼게 하는 바이올렛은 빨강과 파랑이 섞여서 만들어진 색인만큼 냉정과 열정을 모두 가진 색인 것 같습니다. 블루가 많이 섞인 보라부터 레드가 많이 섞인 자주까지 다양한 응용이 가능해요. 세월이 흘러도 빛이 바라지 않는 유일한 컬러라고도 합니다. 영원한 사랑을 꿈꾼다면 바이올렛, 어떠세요?

chapter 2 · 셀프웨딩 촬영 콘셉트와 포즈잡기

Violet

뜨겁게 열렬히 사랑하리
레드

말로만 들어도 정열적인 빨강입니다. 섹시함도 갖추고 있지요. 하지만 그에 못지않게 상큼하고 발랄하기까지 한 컬러랍니다. 연출에 따라 여러 가지 느낌을 가지고 있는 레드의 매력에 퐁당 빠져보시죠.

chapter 2. 셀프웨딩 촬영 콘셉트와 포즈잡기

상큼발랄 오렌지

뭔가 톡톡 튈 것 같은 오렌지를 웨딩에 접목시키면 어떨까요? 눈에 띄는 상큼발랄한 스타일링이 완성됩니다. 가을에 사진을 찍는다면 단풍만으로도 멋진 컬러가 완성되는 효과를 볼 수 있습니다.

chapter 2. 셀프웨딩 촬영 콘셉트와 포즈잡기   56 / 57

테마로
콘셉트잡기

어떤 하나의 테마를 잡아서 콘셉트를 잡아봅니다.
셀프웨딩이 많이 확산되었다고는 하지만 아직까지는 웨딩 촬영을
밖에서 하는 스냅 사진 수준에 그치고 있기 때문에 콘셉트를 잡아두고
촬영을 하면 나름 독특한 웨딩사진을 연출할 수 있습니다. 영화나 시대,
혹은 어떤 상황 등을 연출해보세요. 저는 지금까지 영화나 동화를
모티브로 하여 촬영하기도 하고, 시대를 배경으로 하거나 장소를
모티브로 삼아 셀프웨딩을 많이 촬영했는데요.
그 나름의 노하우를 지금부터 소개해드릴게요.

theme
영화를 모티브로 한
애니메이션 <UP> 웨딩

재미있거나 감동적으로 본 영화의 한 장면을 따라서 영화 속 주인공이 되어보는 것도 하나의 콘셉트가 될 수 있어요. 이중에서 애니메이션 <up>을 소재로 한 셀프웨딩 사례를 소개할게요.

촬영콘셉트

칼과 앨리의 어린 시절 만남, 그리고 키워온 사랑, 결혼 후 둘만의 아기자기한 생활과 변하지 않는 사랑을 본다면 누구나 저렇게 살고 싶다는 꿈을 꾸지 않을까요. 이 콘셉트는 두 주인공의 만남과 사랑 이야기, 그리고 〈up〉의 메인 주제인 '날으는 집'입니다.

의상 및 소품

<u>의상</u> 두 주인공의 세월을 느끼게 해주는 의상이 많이 필요해요. 데님 오버롤, 복고 원피스 등의 의상을 준비하면 좋습니다. 세월의 흐름을 보여주는 대표적인 소품인 신랑의 넥타이 등 소품을 많이 준비해주세요.

<u>소품</u> 〈up〉의 촬영을 위해 나무로 집을 만들었습니다. 베이비돌하우스를 애니메이션의 것과 흡사하게 칠을 했고요. 수많은 풍선으로 포인트를 주었습니다. 그리고 북아트로 어드벤쳐북을 만들었답니다. 애니메이션에서 주가 되는 소품을 만듦으로써 콘셉트 촬영의 완성도를 높입니다.

<u>추천 메이크업</u> 내추럴 메이크업, 약간 어려보이는 피치핑크톤의 블러셔를 잊지 마세요.

<u>추천 헤어</u> 살짝 떨어지는 웨이브 또는 묶은 머리.

촬영장소

아기자기한 집을 연출하기 위해서는 잔디가 있고 나무가 있는 곳이 좋아요. 시간의 흐름과 변하지 않는 사랑을 표현해주는 주요 장면인 피크닉 장면과 언덕을 오르는 신을 위해 잔디가 깔린 언덕과 나무 한 그루가 있다면 더없이 좋겠죠? 소개하는 촬영지는 올림픽공원이랍니다.

🎬 촬영 이모저모

칼과 앨리의 어린 시절과 웨딩, 둘의 만남부터 러브스토리를 예쁘게 재현해봅니다. 영화를 보면서 맘에 드는 장면을 캡처하는 것 잊지 마세요. 둘의 만남이나 데이트 등의 소소한 에피소드를 첨가해도 좋아요. 날으는 집과 풍선을 준비하면 영화 〈up〉의 이미지를 한층 돋보이게 해줍니다. 두 사람의 꿈이 담긴 집이라는 소품은 더욱 더 의미를 더해주니까요.

theme
동화를 배경으로 한
앨리스 웨딩

누구나 공주나 주인공이 되고 싶었던 어릴 적 마음 속 동화가 있지 않나요? 이번에는 그러한 마음을 담아 동화 《이상한 나라의 앨리스》를 콘셉트로 한 셀프웨딩 촬영 사진을 공개할게요. 어린 시절 꿈꿔왔던 동화 속 주인공이 되어보는 시간입니다.

촬영콘셉트

주인공은 이상한 나라의 앨리스입니다. 몽환적이고 로맨틱한 동화 속 앨리스와 시계토끼군의 사랑 이야기가 촬영의 콘셉트입니다. 원더랜드의 환상적인 테이블 세팅으로 여왕의 파티 느낌을 연출하고 앨리스의 블루 원피스와 시계로 신랑신부를 표현해주었습니다. 동화 속에서 튀어나온 듯한 두 주인공의 모습이 사랑스럽게 표현되는 것이 포인트에요.

의상 및 소품

의상 화이트 드레스와 앨리스를 표현해주는 앞치마가 달린 블루 원피스를 준비합니다. 신랑은 그레이 수트와 컬러풀한 수트 두 가지를 준비하세요. 동화와 같은 느낌을 내려면 알록달록한 수트가 적당합니다.

소품 이상한 나라의 앨리스가 콘셉트임을 알려줄 수 있는 소품들이 필수입니다. 테이블 세팅과 동화같이 떠있는 꽃으로 몽환적인 느낌을 가미해보세요. 토끼와 시계, 모자, 트럼프와 drink it으로 앨리스임을 나타내주는 도록 합니다.

추천 메이크업 소녀 느낌의 메이크업이 좋습니다. 눈매를 깊고 맑아 보이게 하는 새미 스모키 메이크업과 옅은 핑크립으로 사랑스러움을 표현합니다.

추천 헤어 동화에 나옴직한 굵은 웨이브 헤어와 머리띠로 앨리스의 느낌을 표현합니다.

촬영장소

테이블 세팅을 위한 장소 섭외가 필수입니다. 테이블을 가지고 갈 수 없기 때문에 저는 테이블과 잔디와 나무가 모두 있는 멋진 곳을 찾았답니다. 아우름 미술관이 그곳인데요, 멋진 시계까지 《이상한 나라의 앨리스》에 완벽하게 어울리는 곳이더라고요.

👑 촬영 이모저모

몽환적인 느낌과 러블리한 느낌을 연출하는 것에 포커스를 둡니다. 미술관 잔디밭 같은 곳에 테이블을 준비하여 세팅하고 트럼펫 카드를 소품처럼 활용합니다. 토끼 인형도 빼놓으면 안 돼요. 소개하는 사진은 가을에 찍은 것인데 한낮에는 해가 너무 강하고 오후에는 해가 빨리 떨어져서 조금 힘들었어요. 그래도 사진은 따뜻하게 나온 것 같아 뿌듯하네요.

theme
장소를 배경으로 한
경마장 웨딩

촬영 콘셉트는 여러 가지로 잡을 수 있지만, 그중 장소에 따른 테마도 한 가지입니다. 또 결혼 당사자인 예비 신랑 신부에게 포커스를 맞춘다면 의외의 사진 테마를 잡을 수도 있답니다. 예를 들어 특이한 직업군에서 일하고 있다면 그것을 콘셉트로 잡는 것이지요.

촬영콘셉트

예비 신랑이 경마장에서 일을 하는 덕분에 촬영 협조를 받을 수 있었어요. 경마장에서 말과 함께 커플의 다정함을 연출하는 것이 촬영의 콘셉트입니다. 말이 함께한다는 사실만으로도 이국적인 느낌을 살릴 수 있더군요.

의상 및 소품

의상 고급스럽고 이국적인 연출을 위해 하늘하늘한 여신 느낌의 드레스를 준비했습니다. 센스있는 신부님이 경마장에서의 세미 웨딩을 위한 빈티지 원피스를 함께 준비해오셨어요. 신랑은 승마복에 보타이를 매치하여 새신랑의 이미지를 연출했습니다.

소품 말이 가장 큰 소품(?)이 되기 때문에 다른 소품은 배제하고 말과의 느낌에 집중했습니다.

추천 메이크업 자연스럽고 깨끗한 메이크업과 내추럴한 컬러의 립으로 고급스럽게 연출했습니다.

추천 헤어 굵은 웨이브 헤어와 화관으로 사랑스러움을, 프렌치 베일로 신비로움을 연출했습니다. 숲속에서 데이트 스냅 사진을 찍을 때는 업스타일도 해보았어요.

👑 촬영 이모저모

말과의 멋진 소통에 포커스를 두고 예쁜 그림이 나오도록 연출했습니다. 신부님이 생각지도 못하게 겁이 많아서 신랑과의 눈빛교환으로 대체했고요, 말과 약간은 멀리 떨어져 있는 연출이었지만 웅장하게 나올 수 있도록 표현했습니다. 말이 움직일 수 있는 장소의 한계 때문에 배경이 조금 단조로와 아쉬웠는데요. 훈련장에서의 데이트 스냅으로 위로했답니다.

상황을 콘셉트로 잡은
캠핑&피크닉 웨딩

셀프웨딩 촬영을 한다며 모두들 들로 산으로 촬영을 나가곤 하지요. 이렇게 여러 곳을 다니면서 찍을 수도 있지만 포인트를 잡아서 한 곳에서 테마를 잡아서 찍는 것도 좋은 방법이 됩니다. 가령 소풍이나 캠핑, 비오는 날, 야경 등을 테마로 잡는 것이지요. 그럼 왠지 추억이 간질거리는 이야기가 있는 사진이 탄생할 거 같지 않나요? 그중 손쉽게 찍을 수 있는 캠핑과 피크닉 웨딩을 소개합니다.

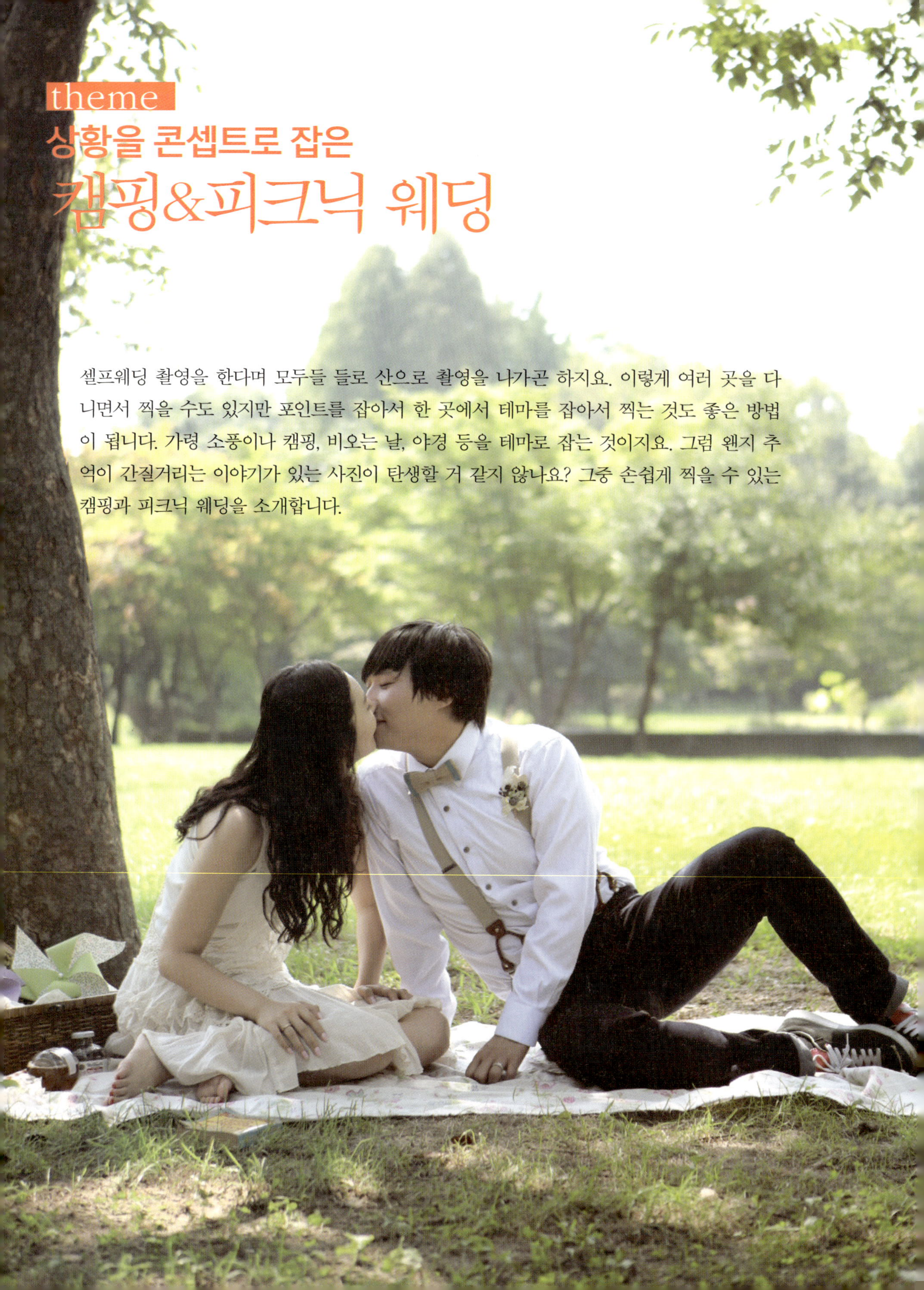

촬영콘셉트

작은 돗자리와 텐트, 랜턴이나 도시락 같은 작은 소품만 몇 개 있어도 깊은 산속에서 둘만의 얘기가 담겨 있는 듯한 사진이 탄생합니다. 피크닉 콘셉트에 텐트 하나만 더하면 캠핑 콘셉트가 되지요. 석양이 질 무렵 와인 한 잔과 촛불이 있다면 더욱 운치 있는 사진이 나올 수 있습니다.

의상 및 소품

의상 캠핑 - 신부는 티어드 스커트의 화이트 주름 드레스로 캐주얼함을, 신랑은 멜빵과 보타이로 귀여운 꼬마 신랑으로 연출합니다. 피크닉 - 여름날의 피크닉이므로 하늘하늘 스커트와 민소매 블라우스로 연출합니다.

소품 캠핑 - 늦가을의 캠핑을 표현하기 위해 보슬보슬 울 느낌의 담요와 돗자리를 준비합니다. 나무와 나무 사이를 연결한 끈에 담요를 걸어주어 텐트를 완성, 인형과 랜턴 등으로 마무리합니다. 피크닉 - 돗자리와 피크닉 바구니를 준비합니다. 여기에 음료와 책, 바람개비로 재미있는 사진 연출을 시도합니다.

추천 메이크업 어린 신랑신부처럼 나오려면 러블리한 메이크업이 좋습니다.

추천 헤어 가는 웨이브로 귀엽게 연출합니다.

촬영장소

캠핑과 피크닉 콘셉트는 특별한 장소가 필요하지 않습니다. 풀과 나무가 있는 곳이라면 어디든지 좋습니다. 장소가 많이 표현되지 않고 이동이 적기 때문에 크지 않아도 됩니다. 집 앞의 공원도 괜찮아요! 소개하는 사진의 장소는 서울문화예술공원입니다.

👑 촬영 이모저모

캠핑 웨딩은 캐주얼한 의상, 롤업 청바지 또는 로맨틱한 원피스 빈티지 의상이 잘 어울립니다. 그에 맞게 살짝 웨이브진 머리나 양갈래 머리도 예쁘지요. 볼터치를 가미해서 귀엽게 표현해도 좋습니다. 신랑에게 어울리는 멜빵과 보타이를 준비하는 것 잊지마세요.

theme
장소를 배경으로 한
바다 웨딩

셀프웨딩을 위한 여행을 떠나는 커플을 많이 보게 됩니다. 그중 탁 트인 바다와 모래는 그 자체로 아름다운 사진이 될 수가 있지요. 이렇듯 장소는 여러 가지 콘셉트를 잡아 많은 사진을 찍을 수 있게 합니다.

촬영콘셉트

바닷가에서의 자연스러운 사랑이야기와 데이트 느낌의 사진 등을 찍기 위해 경포대로 향했습니다.

의상 및 소품

의상 가벼운 데이트 스냅의 옷차림과 화이트 백리스 원피스, 바닷가에서 찍기 위한 시폰 드레스를 준비했습니다. 바닷가에서는 젖어도 괜찮은 가벼운 느낌의 드레스가 적합합니다. 신랑은 턱시도 대신 반바지와 화이트 셔츠로 캐주얼하게 연출했습니다.

소품 바닷가에서의 자연스러운 연출을 위해 소품은 최대한 배제하고 이미지컷을 위한 약간의 소품과 화관, 부케 정도를 준비했습니다.

추천 메이크업 최대한 자연스러운 메이크업.

추천 헤어 웨이브가 거의 들어가 있지 않은 헤어로 바닷바람에 자연스럽게 날리게 해줍니다.

촬영장소

바닷가에서의 신은 아무래도 한계가 있어요. 그래서 주변 환경을 고려해 촬영할 만한 곳곳을 찾아보았답니다. 덕분에 숲속에서의 댄스신과 피크닉, 나룻배신, 자전거 신까지 짧은 시간에 다양한 사진을 찍을 수 있었습니다.

👑 촬영 이모저모

바닷가의 자유로운 느낌을 연출하기 위해 멀리서 촬영했습니다. 파도가 치는 장면과 발자국을 촬영하기 위해서는 많은 노력이 필요하답니다. '나잡아봐라' 포즈와 모래사장에 글씨쓰기는 필수인 거 아시죠? 최대한 자연스럽게 즐기는 모습을 포착합니다.

theme
데이트 추억을 모티브로 한
캠퍼스 웨딩

바닷가, 겨울산, 카페거리, 첫 데이트 장소, 문화공원 등 함께 추억을 나눴던 즐거운 데이트 장소가 있다면 그곳도 썩 괜찮은 촬영 콘셉트가 됩니다. 캠퍼스 커플이라면 두 사람이 만난 캠퍼스에서 웨딩 촬영을 하는 것도 의미가 있겠죠. 캠퍼스에서의 웨딩 촬영은 추억이 깃들어 있어 의미도 있을 뿐만 아니라 로맨틱한 분위기까지 연출할 수 있어 더욱 좋습니다. 함께 거닐었던 학교 교정과 동아리방, 강의실… 그리고 캠퍼스 곳곳 추억을 찾아 촬영 콘셉트를 잡아보세요.

촬영콘셉트

둘이 함께 했던 추억을 떠올리며 촬영을 준비해보세요. 촬영 전날에 캠퍼스를 둘러보며 어느 동선으로, 어떤 포즈로, 어떤 의상을 입고 어디서 옷을 갈아입을지 정해두면 시간과 노력을 줄일 수 있습니다.

의상 및 소품

의상 학창시절을 떠올리며 캐주얼한 의상을 준비합니다. 신부는 신입생 느낌 물씬 나는 블라우스와 베이지색 스커트, 신랑은 면바지를 함께 매칭합니다. 또 자연과 잘 어울리는 느낌의 블루 원피스와 블루셔츠로 산뜻함을 연출합니다. 드레스는 슬림한 캐미솔 라인의 드레스로 가볍고 사랑스럽게 준비합니다.

소품 캠퍼스 내의 소품들을 잘 활용합니다. 강의실 내의 책들과 캐비닛, 학교 앞 벤치, 매점의 아이스크림까지 학교 내의 모든 것들이 소품이랍니다.

추천 메이크업 세미 스모키
추천 헤어 길게 떨어지는 웨이브

촬영장소

대학교 교내. 자신이 다녔던 학교라면 위치를 다 알고 있을 것이므로 동선짜기가 수월할 거예요.

chapter 2. 셀프웨딩 촬영 콘셉트와 포즈잡기

👑 촬영 이모저모

촬영 당일은 아침 일찍 헤어와 메이크업을 해야 하는데요. 캠퍼스에서 촬영하는 경우 편안하고 자연스러운 분위기로 찍는 것이 좋습니다. 헤어나 메이크업을 '신부 화장'처럼 하지 않도록 하세요. 또한 데이트하는 콘셉트이니 다양한 포즈로 찍어보세요. 도서관에서의 은밀한 뽀뽀, 잔디밭이나 강의실에서 있던 추억을 끄집어내어 자연스럽게 연출하는 게 포인트예요.

theme
상황을 콘셉트로 잡은
헬기장 웨딩

정말 특이한 나만의 웨딩 사진을 찍고 싶다면, 그만큼 쉽게 접근할 수 없는 도전이 필요하겠죠? 이번에는 잠실 헬기장에서 헬기와 함께 한 사진을 소개합니다. 영화의 한 장면 같은 느낌을 연출하기 위해 애를 썼답니다.

촬영콘셉트

헬기장에서의 연인의 모습이 콘셉트입니다. 여행을 떠나는 연인의 마음을 담아보았습니다.

의상 및 소품

의상 영화 같은 연출을 위해 클래식하고 복고적인 드레스, 트렌치코트, 스카프로 멋스럽게 연출합니다.

소품 복고 느낌을 내기 위해 오래된 빈티지 여행가방과 프렌치 베일, 클래식 볼레로와 클러치백을 준비합니다.

추천 메이크업 눈매를 강조한 세미 스모키 메이크업

추천 헤어 핑거웨이브가 들어간 묶은 머리

촬영장소

잠실에 헬기장이 있다는 사실을 아는 사람이 얼마나 될까요? 소개하는 사진은 잠실 한강공원 헬기장입니다. 촬영 전 문의 및 예약은 필수입니다.(Tel. 1899-2679) 강가에 위치한 헬기장의 모습만으로도 멋진 광경을 연출하고 있고요, 바로 옆 억새밭에서 로드씬을 찍었답니다.

👑 **촬영 이모저모**

헬기 내에서의 사진과 헬기 밖 연인의 모습을 마치 영화 스틸컷처럼 연출했습니다. 드라마티컬한 연출을 위해 클래식한 헤어스타일과 복고풍 소품들을 준비해 착용했어요. 스카프와 트렌치코트로 여행을 떠나거나 돌아오는 남자의 느낌을 연출했고요. 분위기 있는 포즈와 표정으로 멋지게 표현합니다.

theme
도시 자체가 배경이 되는
군산 웨딩

군산을 사랑하는 군산아가씨가 추억이 깃든 곳곳을 돌아다니며 웨딩 사진을 찍었습니다. 살고 있는 도시인만큼 포인트를 속속들이 잘 알기 때문에 굳이 답사나 고민을 하지 않아도 자연스럽게 콘셉트와 스타일이 나올 수 있었습니다.

촬영장소

여러 시대의 느낌이 살아있는 군산의 특징을 살려, 개화기 시대의 신랑신부의 모습에 초점을 맞추었습니다. 한복 또한 개량한복으로 독특한 느낌을 나타냈습니다.

의상 및 소품

의상 가장 기본이 되는 튤 드레스와 H라인 시폰 드레스에 신랑도 체크 콤비 스타일로 복고 느낌을 완성시켜줍니다.

소품 재킷과 프렌치 베일, 워머와 코사지, 한복과 족두리 등 복고 느낌 물씬 나는 소품을 준비합니다.

추천 메이크업 아이라인을 살짝 강조한 클래식 메이크업

추천 헤어 내추럴 헤어에 헤어 장식들

촬영 장소

임피역, 히로쓰 가옥, 근대 역사박물관, 군산 세관, 경암동 철길 마을 등 군산 곳곳을 배경으로 촬영하였습니다.

> 👑 **촬영 이모저모**
> 개화기 시절의 연인 모습을 재현한 스타일링과 연출로 색감까지 빈티지하게 나타내봅니다.

theme
파티와 함께하는
브라이덜 샤워 웨딩

영화 <섹스앤더시티>로 널리 알려진 브라이덜 샤워^{bridal shower}! 우리말로 옮기면 '처녀 파티'라고 하는데 최근 결혼 전에 친구들과 많이들 하는 것 같습니다. 브라이덜 샤워는 1890년대 미국 대도시를 중심으로 중산층에서 시작되었다고 해요. 겉으로 보기에는 결혼 전에 친구들과 화려한 파티를 여는 정도라고 여기기 쉽지만, 그 유래를 들여다보면 돈이 없는 친구를 위해 결혼비용의 부담을 나눠주려는 친구들의 따뜻한 마음이 담겨 있다고 하네요. 파티도 열어주고, 축하도 해주고, 결혼선물도 주는….

결혼 전 친구들과 브라이덜 샤워를 계획하고 있다면, 이를 콘셉트로 잡아 촬영을 진행해보세요. 파티도 즐기고 우정과 추억도 남기는 기회로 만들수 있습니다.

촬영콘셉트

브라이덜 샤워의 케이터링과 소품들로 세팅하고 브라이덜 샤워를 하며 함께 촬영해 친구들과의 소중한 추억을 남깁니다.

의상 및 소품

<u>의상</u> 메인 드레스와 친구들과의 의상 맞춤이 필요합니다.
<u>소품</u> 케이터링을 위한 소품 준비가 많이 필요합니다.
<u>추천 메이크업</u> 내추럴한 파티 메이크업이면 충분합니다.
<u>추천 헤어</u> 친구들과 함께 맞춘 스타일링이 중요합니다.

촬영 이모저모 1

펜션 : 펜션에서 브라이덜 샤워 콘셉트로 진행한 셀프 웨딩 촬영입니다. 데코부터 음식까지 일일이 준비했고요, 바이올렛 컬러로 꾸몄습니다. 브라이덜 샤워 과정을 담아 더욱 즐거운 추억이 되었어요. 마당과 룸 모두에 테이블 세팅을 하고 이동하면서 파티를 즐겨 더욱 다양한 콘셉트로 촬영을 할 수 있었습니다.

👑 촬영 이모저모 2

게스트하우스 : 강남에 있는 빅존스 플레이스에서 진행한 브라이덜 샤워 콘셉트입니다. 게스트하우스이지만 자쿠지와 바비큐장을 갖추고 있어서 파티와 함께 즐거운 사진을 찍을 수 있습니다.

chapter 2. 셀프웨딩 촬영 콘셉트와 포즈잡기

🤴 촬영 이모저모 3

스튜디오 : 스튜디오를 대여하여 진행한 브라이덜 샤워 콘셉트입니다. 세련된 블랙과 레드로 꾸며 화보 같이 촬영할 수 있도록 했지요. 개인 프로필 촬영도 겸비하여 뜻 깊은 촬영이었답니다.

소품으로
콘셉트잡기

메인이 되는 소품 하나로 사진의 느낌을 통일할 수 있습니다.
발랄함과 사랑스러움을 안겨주는
풍선, 둘만의 웨딩데이나 사랑의 문구로 의미가 될 수 있는 가랜드,
자연 속에서 자유분방함을 느낄 수 있는 자전거, 숲속 캠핑 느낌 물씬 풍기는
텐트나 소품들, 유머러스하고 다른 소품이 따로 필요 없는 가면, 둘만의
여행을 떠나는 느낌의 여행가방, 자연스럽고 아기자기한 나들이 느낌의
소풍 소품들… 소품으로 콘셉트를 확실히 잡아서 떠나보세요.
촬영도 촬영이지만 의미있는 데이트가 될 수 있습니다.

탈 하나로
연출되는 재미

촬영콘셉트

탈을 쓰고 재미난 포즈와 다양한 연출을 시도합니다. 귀여운 연출이 가능한데다가 따로 특별한 소품없이 탈 하나만으로도 효과가 극대화되므로 아주 특별한 사진이 탄생할 수 있습니다. 얼큰이 느낌과 탈의 모양이 재미있고 아기자기하게 표현됩니다.

의상 및 소품

<u>의상</u> 컬러풀한 의상도 좋고 복고풍의 독특한 의상도 잘 어울립니다. 탈을 쓰므로 다른 스타일링은 필요없지만, 탈을 벗었을 경우를 대비해 메이크업과 헤어는 잊지 마세요.
<u>소품</u> 메인이 되는 탈은 빌렸고 나머지 부케와 부토니에 등의 작은 소품들을 준비했습니다.
<u>추천 메이크업</u> 탈을 벗었을 때를 고려해 내추럴하게 메이크업합니다.
<u>추천 헤어</u> 깔끔하게 포니테일 헤어를 하거나 내추럴한 헤어로 연출사진을 찍어주세요.

촬영 장소

탈을 쓰고 어떤 콘셉트로 찍을지를 고려해 장소를 고릅니다. 소개하는 신랑신부는 계단과 벽들의 느낌을 살리고, 복고적인 분위기를 내기 위해 선유도 공원을 선택했습니다. 덕분에 여러 가지 조형물과 자연, 그리고 가을 냄새 물씬 나는 갈대밭까지 다양한 사진이 나올 수 있었습니다.

 소품으로 콘셉트잡기

우산 하나로
연출되는 러블리

촬영콘셉트

예기치 못하게 비가 오는 날 촬영을 해야 한다면, 당황하지 말고 예쁜 우산 하나 준비하면 어떨까요? 의외로 재미난 사진이 연출될 수 있습니다. 비가 오는 날은 컬러가 더 선명해지는 장점이 있으므로 컬러풀한 우산과 장화를 준비해도 좋겠죠?

양산도 마찬가지입니다. 양산 하나만으로도 빈티지 느낌을 살릴 수 있는 멋진 소품이 됩니다. 레이스 드레스나 볼드한 클래식 드레스와 함께 헤어도 빈티지하게 스타일링합니다. 또는 꽃무늬 원피스 등의 복고풍 원피스를 입고 레이스 양산을 들어 복고 느낌을 완벽하게 살려보세요. 시대를 거슬러 간 느낌이 귀엽고 사랑스럽습니다.

 소품으로 콘셉트잡기

자전거로 연출되는
자유분방함

촬영콘셉트

바퀴가 달린 자동차, 오토바이, 자전거 등의 탈 것들은 사진에 생동감을 불어넣어줍니다. 그중 자전거는 구하기도 쉽고 다른 탈것에 비해 휴대도 용이해 활용도가 높은 편입니다. 공원이나 공공장소에서 자전거를 빌려주는 곳들도 많지요. 그럼 자전거를 소품으로 한 사진들, 한번 보실까요?

의상 및 소품

<u>의상</u> 데이트 스냅의상 혹은 웨딩드레스 등 다양한 시도가 가능합니다.

<u>소품</u> 바구니가 달린 자전거를 골라 부케를 담아 사랑스러움을 연출합니다. 자전거 외의 별도의 소품은 크게 필요하지 않지만, 안장에 이름표나 피켓을 달아도 예쁘고 풍선을 함께 배치해도 사랑스럽습니다.

<u>추천 메이크업</u> 자연스러운 연출을 위해 최대한 자연스럽게, 단 사진을 고려해 라인은 선명히.

<u>추천 헤어</u> 의상에 맞는 심플하고 자연스러운 헤어.

소품으로 콘셉트잡기

풍선으로 만드는 행복

촬영콘셉트

셀프웨딩 촬영에서 빠지지 않고 등장하는 것이 풍선이라고 해도 과언이 아니죠? 풍선은 발랄한 느낌을 주는 장점도 있지만, 뭐니뭐니해도 촬영 시 가장 포즈잡기 어려운 손의 포즈가 해결된다는 데 큰 의미가 있습니다.

풍선은 컬러 선택에 따라 귀엽고 발랄한 느낌이나 로맨틱함이 연출됩니다. 큰 풍선 하나와 작은 풍선 여러 개, 이니셜 풍선 등 다양하게 준비하여 컬러를 조화시켜 봅니다. 풍선 컬러와의 조화에 포커스를 맞춰보세요.

의상 및 소품

<u>의상</u> 기본적으로 풍선은 재미난 느낌을 주므로 드레스 혹은 미니드레스, 원피스 등으로 연출합니다. 동화 같은 느낌을 주려면 과장된 컬러나 디자인도 굿!

<u>소품</u> 풍선이 메인 콘셉트이므로 특별한 소품은 필요없지만, 풍선 컬러와 포인트 소품을 맞추면 더욱 좋습니다.

<u>추천 메이크업</u> 내추럴한 메이크업과 헤어. 원피스나 미니 드레스 등의 발랄한 의상에는 업스타일 등의 변형도 좋습니다. 풍선은 스타일에 크게 구애를 받지 않습니다.

모델급 포즈잡기

셀프웨딩 촬영을 할 때 아마추어들이 하기 쉬운
가장 큰 실수가 항상 같은 포즈를 취한다는 것입니다.
장소가 바뀌고 의상이 바뀌어도 계속 포즈가 같다면,
아무래도 심심할 수밖에 없습니다.
그러므로 조금은 특별하게 포인트를 줄 수 있는 포즈를
준비해서 간다면 더욱 다양하고 프로페셔널한 사진을
얻을 수 있을 것입니다.

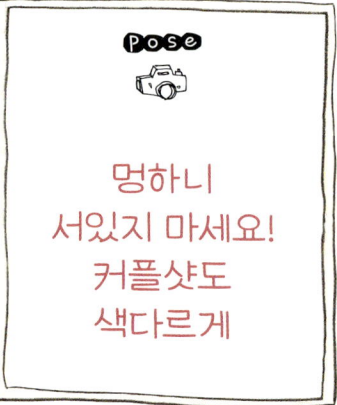

멍하니 서있지 마세요! 커플샷도 색다르게

두 사람이 가장 많이 찍게 될 포즈 중 하나는 나란히 서 있는 커플샷일 거예요. 이때 멀뚱하게 서 있지 말고 조금씩 포즈를 바꿔주면 좋습니다. 두 사람의 거리와 손의 위치, 몸의 방향 등을 바꿔 포즈를 다양하게 해주세요.

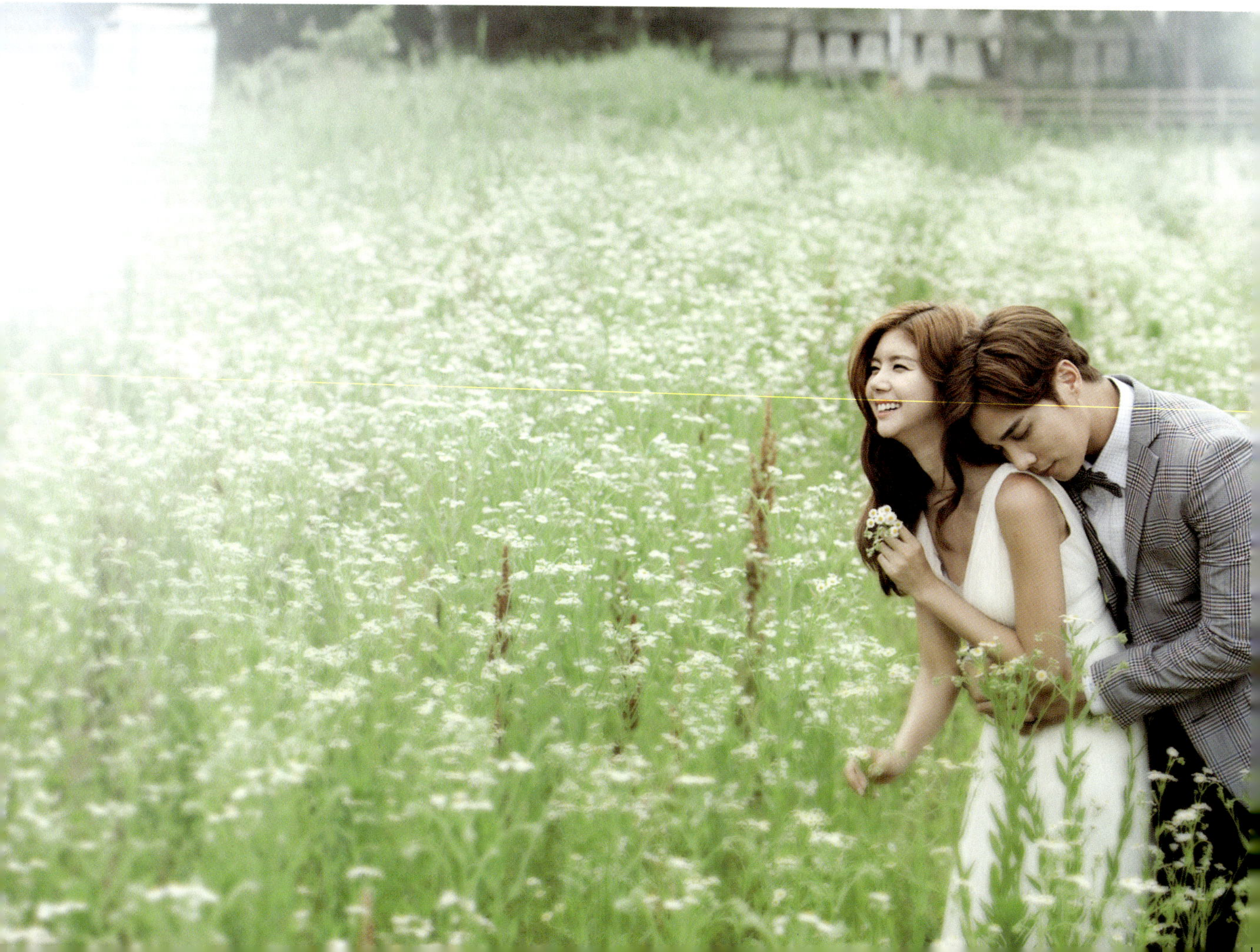

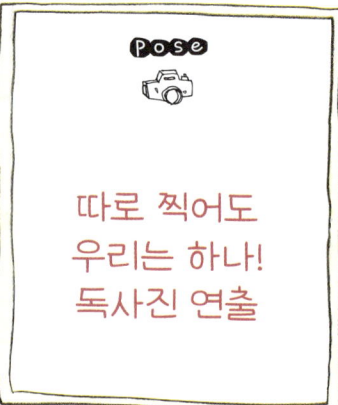

따로 찍어도 우리는 하나! 독사진 연출

서로 사진을 찍어주다 보면 평범한 사진이 나오기 일쑤입니다. 따로 사진을 찍더라도 커플임을 나타내주는 포즈나 소품, 혹은 배경 등을 이용해 짝을 맞춰서 찍어주세요. 재미난 편집사진, 화보 같은 사진을 연출할 수 있습니다.

chapter 2. 셀프웨딩 촬영 콘셉트와 포즈잡기

뒷모습이나 신체 일부도 멋진 사진이 된다

삼각대를 이용해서 사진을 찍을 때의 단점은 앵글의 위치입니다. 여러 가지로 위치를 바꿔서 찍어주는 센스가 필요한데요. 이때 뒷모습이나 역광, 신체의 일부 혹은 이미지 사진 등을 다양하게 찍어주세요. 생각지도 못한 멋진 사진을 얻을 수 있습니다.

chapter 2. 셀프웨딩 촬영 콘셉트와 포즈잡기

배경을 활용하라

배경만큼 멋진 소품도 없습니다. 특히 아름다운 자연경관, 계절의 변화가 두드러진 곳, 멋스러운 도시 등은 배경을 살리는 것이 여러모로 좋은 사진을 득템할 수 있는 기회가 되지요. 배경을 염두에 둘 때는 배경 속 인물의 크기에 따라 사진 이미지가 완전히 달라짐을 유의하세요. 배경과 인물을 동시에 돋보이게 하는 것이 중요합니다. 배경에 맞는 의상 준비도 잊지 마시고요.

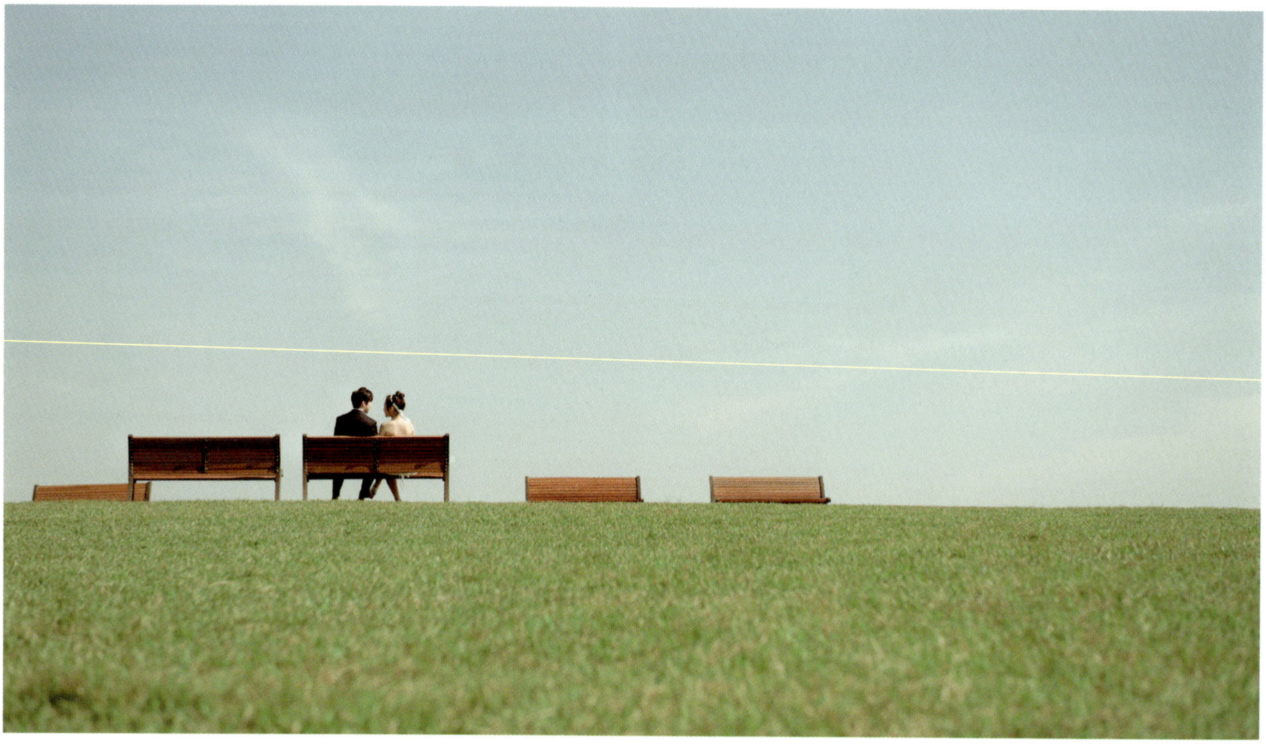

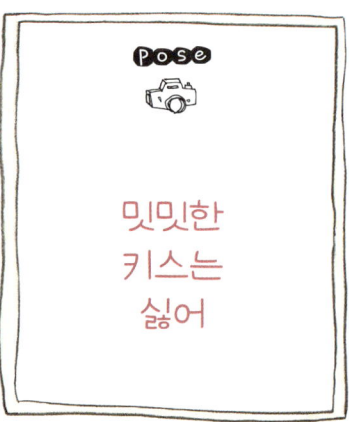

밋밋한 키스는 싫어

커플사진들을 보면 서있거나, 마주보거나, 포옹하거나, 키스하거나…. 포즈의 한계일 것입니다. 그렇지만 같은 키스, 같은 포옹이라고 하더라고 포즈에 따라 다른 느낌의 연출이 가능합니다.

chapter 2. 셀프웨딩 촬영 콘셉트와 포즈잡기   116 / 117

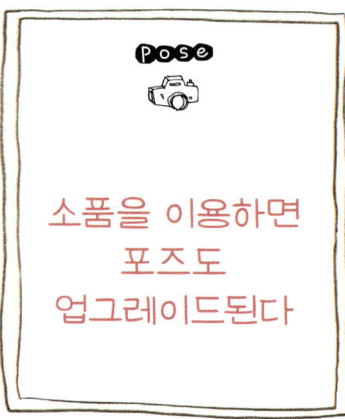

소품을 이용하면 포즈도 업그레이드된다

여러 가지 재미있는 연출이나 소품으로 사진에 동적인 느낌을 더해주세요. 사진에 생기가 더해져 더욱 사랑스런 사진이 됩니다. 춤추는 듯한 역동적인 포즈나 점프샷도 재밌는 연출샷이 될 수 있습니다.

chapter 2. 셀프웨딩 촬영 콘셉트와 포즈잡기   118 / 119

셀프웨딩 촬영장소로
추천합니다

셀프웨딩을 준비하다보면, 의상이나 소품만큼이나

중요한 것이 장소입니다. 인물 중심의 사진은 배경이 크게

중요하지 않을 수 있지만, 셀프웨딩은 전문가가 찍는 것이 아닐 뿐더러

헤어, 메이크업, 소품 등 디테일한 것이 조금씩은

떨어지기 때문에 배경이 정말 중요하지요.

어디서 찍어야 할지 막막한 분들을 위해

장소 고르는 팁과 추천장소를 소개합니다.

셀프웨딩 촬영장소 어떻게 고를까

계절과 날씨를 잘 이용하자!

야외 촬영이기 때문에 계절의 영향을 가장 많이 받는데요. 봄이나 가을처럼 자연의 색을 이용해도 훌륭한 사진이 나오고 겨울에 눈이 온 후에 찍어도 분위기 있는 사진이 나옵니다. 요즘은 전국 방방곡곡 다양한 축제가 열리고 있으니 이를 이용하는 것도 좋은 방법입니다. 단, 이 경우 사람이 많다는 점을 감수해야 합니다.

사람이 많지 않은 곳

셀프웨딩 촬영에서 제일 중요한 것은 인적이 드문 곳을 찾는 것입니다. 사람이 많은 곳은 앵글에 사람들이 걸릴 뿐만 아니라 사람들의 시선 때문에 아무래도 촬영에 어려움을 겪을 수밖에 없습니다. 계속해서 좋은 사진을 찍기 위해서는 사람이 없는 곳! 아니면 얼굴에 '철판'이 필 수겠죠.

포인트가 될 만한 조형물

그냥 예쁘기만 한 곳에서 촬영을 한다면 다소 밋밋해 보일 수 있습니다. 같은 공원이라도 올림픽 공원의 왕따나무라던지, 한눈에 이곳이 어딘지 알 수 있는 그런 특징이 있는 장소를 선정하는 것이 좋습니다.

셀프웨딩 촬영 추천장소

올림픽공원

서울에서 가장 많은 촬영이 이루어지고 있는 곳입니다. 장소가 워낙 넓은 데다가 여러 종류의 나무, 언덕과 잔디, 호수가 갖추어져 있지요. 조형물도 멋있어 인기가 좋답니다. 주차나 편의시설도 잘되어 있는 편입니다. 넓기 때문에 사전에 뷰포인트를 정해서 가는 것이 중요합니다.

주소 서울 송파구 올림픽로 424(송파구 방이동 88)
전화 02-410-1114
홈피 www.olympicpark.co.kr
대중교통 지하철 몽촌토성역

올림픽공원

서울 문화 예술공원

양재시민의숲과 연결되어 있는 공원입니다. 크지 않지만 아기자기하고 이국적으로 되어 있어 촬영을 하기 좋고요. 동선이 비교적 짧은 편이라 지치지 않는다는 장점이 있습니다. 단 뷰포인트가 많지 않기 때문에 촬영 콘셉트나 스토리를 준비해가는 것이 좋습니다.

주소 서울 서초구 양재2동
전화 02-2155-8601
대중교통 지하철 양재시민의숲역

서울 문화 예술공원

북서울 꿈의 숲

강북에서 찍기 좋은 공원으로 여러 가지 뷰포인트가 다양한 곳입니다. 언덕, 조형물, 벤치, 나무 등을 배경으로 사진을 찍을 수 있습니다. 공원이 크기 때문에 사전 답사는 필수! 지도도 필히 지참해야 합니다.

주소 서울 강북구 월계로 173(강북구 번동 28-6)
전화 02-2289-4001
홈피 dreamforest.seoul.go.kr
대중교통 지하철 미아사거리역에서 버스 이용

북서울 꿈의 숲

빅존스 플레이스

강남권에서 펜션 웨딩의 느낌을 살릴 수 있는 곳입니다. 게스트하우스지만 자쿠지와 바베큐장을 갖추고 있어서 파티와 함께 즐거운 사진을 찍을 수 있습니다. 침구가 좋아서 호텔 느낌의 포근한 사진을 건질 수도 있고, 바로 앞이 강남역이라 강남역 부근의 로드신 촬영도 가능합니다. 예약제라서 프라이빗한 촬영도 가능합니다. 브라이덜 샤워와 함께 촬영하기 좋은 장소입니다.

주소 서울특별시 강남구 강남대로110길 31-1(역삼동 615-11)
전화 010-3114-9132
홈피 www.bigjohnsplace.com
대중교통 지하철 신논현역 4번 출구

빅존스 플레이스

벽초지 수목원

파주의 큰 공원입니다. 허브공원인 수목원과 조형물의 조화가 아름다운 곳으로 CF 촬영도 여러 번 이루어졌습니다. 이국적인 풍경과 함께 스타일리시한 연출이 가능합니다. 단 촬영비를 요구하므로 사전에 확인해야 합니다.

주소 경기 파주시 광탄면 부흥로 242(파주시 광탄면 창만리 166-1)
전화 031-957-2004
홈피 www.bcj.co.kr
대중교통 버스 15, 061

벽초지 수목원

아우름 미술관

양평에 위치한 미술관입니다. 작고 아담한 공원과 갤러리가 함께 있어 작은 웨딩도 진행할 수 있습니다. 카페와 건물 등의 조형물을 배경으로 연출 컷이 가능하며, 자연의 느낌도 듬뿍 담을 수 있습니다. 약간 외진 곳에 있으며 프라이빗한 촬영이 가능합니다. 예약 필수. 촬영비 문의 요망.

<u>주소</u> 경기 남양주시 와부읍 고래산로86번길 28(남양주시 와부읍 월문리 53)
<u>전화</u> 031-521-9040
<u>대중교통</u> 버스 88-3

아우름 미술관

제이드가든

춘천에 위치한 허브공원입니다. 드라마 〈그 겨울 바람이 분다〉에서 송혜교의 집으로 촬영된 곳으로 유명합니다. 유럽풍의 건물과 자연이 조화를 이룬 곳이지요. 건물 앞에서의 촬영은 유럽 어느 곳보다 멋지게 연출됩니다. 정리가 잘된 정원은 물론, 자연스러운 뷰포인트까지 모두 갖춰 클래식한 촬영과 내추럴한 촬영 모두 찍을 수 있습니다. 촬영비 문의 요망.

<u>주소</u> 강원도 춘천시 남산면 서천리 햇골길 80
  (춘천시 남산면 서천리 산 111번지)
<u>전화</u> 033) 260-8300
<u>홈피</u> www.hanwharesort.co.kr

제이드 가든

국립민속박물관

경복궁 민속박물관 옆에 옛날거리가 조성되어있습니다. 유행하는 복고풍의 웨딩사진이나 개량한복을 이용한 촬영 등 드라마 느낌을 살리기에 좋습니다. 스타일링을 잘해가는 게 관건! 촬영 전 사전허가가 필수이므로 꼭 확인하세요.

<u>주소</u> 서울 종로구 삼청로 37(종로구 세종로 1-1번지 경복궁 내)
<u>전화</u> 02-3704-3114
<u>홈피</u> www.nfm.go.kr
<u>대중교통</u> 지하철 안국역 1번 출구, 광화문역 2번 출구

국립민속박물관

선유도 공원

조형물과 자연의 조화가 아름다운 곳입니다.
기둥과 담쟁이가 어우러진 기둥정원, 수상식물원, 원형 소극장, 대나무 숲 등 뷰포인트가 다양합니다.

주소 서울 영등포구 선유로 343(영등포구 양화동)
전화 02-2634-7250
대중교통 지하철 당산역 1번 출구, 선유도역 2번 출구

선유도 공원

남산골 한옥마을

전통적인 옛날 궁궐이 조성되어 있습니다. 전통 한복을 입은 커플들을 많이 볼 수 있습니다. 전통 한복이나 대례복, 왕의 한복이 어울리는 장소입니다.

주소 서울 중구 퇴계로34길 28(중구 필동2가 84-1)
전화 02-2264-4412
홈피 hanokmaeul.seoul.go.kr
대중교통 지하철 충무로역 3번 출구,

남산골 한옥마을

삼청동

삼청공원과 함께 카페거리가 예쁘게 조성되어 있습니다. 삼청공원에서의 자연스러운 컷들과 카페거리의 데이트스냅 모두를 연출할 수 있습니다. 카페 내 촬영이 불가능하므로 거리촬영 위주로 콘셉트를 잡아가세요. 자연스러운 복장과 스타일링, 내추럴한 느낌의 사진이 좋습니다.

주소 서울 종로구 와룡공원길 41(종로구 삼청동 2-1)
전화 02-731-0320

삼청동

우음도

광활한 빈 들녘에 떠 있는 섬 우음도는 풍경 하나만큼은 기가 막힙니다. 전국 각지에서 사진을 찍으러 오는 유명한 촬영 장소이기도 하죠. 도심에서 느낄 수 없는 드넓은 자연에서의 웨딩 촬영, 기대해도 좋습니다.

주소 경기 화성시 송산면 고정리

우음도

소래포구 생태공원

1996년까지 소금을 만들었던 곳으로 염전 너머로 하루에 두 번씩 바닷물이 들어와 갯벌을 이루었다고 하네요. 갯벌과 습지를 배경으로 촬영을 할 수 있고 산책로와 갈대, 풍차 등이 있어서 사진이 다채롭게 나옵니다.

주소 인천 남동구 소래로 154번길 77(남동구 논현동 1-17번지)
전화 032-435-7076
홈피 http://grandpark.incheon.go.kr/posts/945/1379?curPage=1

소래포구 생태공원

송도 센트럴파크

<슈퍼맨이 돌아왔다> 프로그램에서 '송도의 성자'로 유명한 송일국 덕분에 낯설지 않은 이 곳. 일단 센트럴파크 공원 규모가 엄청납니다. 정문 쪽에 유료 주차장이 있어요. 고층 빌딩의 도회적인 사진 연출이 가능합니다.

주소 인천시 연수구 컨벤시아대로 160(연수구 송도동 24-5번지)
전화 032-851-0477
대중교통 지하철 센트럴파크역, 인천대입구역

송도 센트럴파크

충주 무무펜션

카라반이 있어 더욱 유명한 이곳. 셀프웨딩 촬영뿐만 아니라 세미웨딩 스냅사진을 찍는 데 인기만점인 곳이에요. 예약은 필수이고요. 1박 2일로 촬영을 하는 커플이 많답니다.

주소 충북 충주시 중앙탑면 반천안길 63(충주시 중앙탑면 탑평리 518-19번지)

충주 무무펜션

구로동 항동철길&서울 푸른수목원

기찻길이 예쁜 곳, 서울 푸른수목원이 개장하고 나서 항동철길이 더 예뻐졌습니다. 철길따라 연인이 걷는 풍경은 어떻게 담아도 아름다워보이기 마련이죠.

주소 서울 구로구 연동로 240(구로구 항동 43)
전화 02-2686-3200
대중교통 버스 6614

파주 영어마을

유럽의 이국적인 느낌을 연출할 수 있어요. 공항 출입국 심사대 등이 꾸며져 있어 해외여행의 분위기를 그대로 살려서 촬영할 수도 있어요. 예쁜 장소가 많아 사진 찍기에 정말 좋답니다. 촬영할 경우 미리 문의하고 준비하세요.

주소 경기도 파주시 탄현면 얼음실로 40
전화 1588-0554
홈피 www.english-village.or.kr/

파주 영어마을

용마랜드

멈춰 버린 놀이동산 용마랜드. 요즘 핫한 촬영장소 중 하나죠. 크레용팝의 뮤직비디오 〈빠빠빠〉, 백지영의 뮤직비디오 〈싫다〉, 영화 〈표적〉, KBS 드라마 〈아이리스2〉, JTBC 드라마 〈무정도시〉도 여기서 촬영했다고 해요. 좀 더 독특하고 개성있는 무언가를 연출하고 싶다면 용마랜드를 추천합니다. 어디서도 찾을 수 없는 촌스러우면서도 기괴하고 순진무구한 사진을 득템할 거예요.

주소 서울 중랑구 망우로70길 118(중랑구 망우동 산 69-1번지)
전화 070-7547-3011

용마랜드

유라인 스튜디오

다양한 컨셉 촬영이 가능한 셀프웨딩 스튜디오입니다. 커플 촬영은 물론, 커플 누드, 브라이덜 샤워, 개인프로필까지 맞춤하여 진행할 수 있습니다.

주소 서울 서초구 1543-3번지
전화 010-8617-0179

유라인 스튜디오

chapter 3
리얼웨딩, 셀프로 준비하기

누구나 틀에 박힌 웨딩이 아닌 나만의 독특한 결혼식을 꿈꾸곤 하지요. 저도 어릴 적에 펜션을 통째로 빌려서 1박 2일로 밤새 파티를 하는 결혼식을 꿈꿨답니다. 낮에는 멋진 야외 결혼식을 하고, 밤에는 바비큐와 광란의 댄스파티가 열리는 그런 재미난 결혼식 말이죠. 영화 〈맘마미아〉에 나오는 그런 결혼식! 그래서 살사를 열심히도 배웠던 기억이 나네요. 이번 챕터에서는 웨딩의 꽃이라 할 수 있는 결혼식, 리얼웨딩real wedding을 셀프웨딩族답게 준비할 수 있도록 특별한 노하우를 공개합니다. Ready Go!

결혼식의 진짜 주인공은 신랑신부여야 한다

길고 긴 주례사는 하객들을 지치게 합니다. 신랑신부 또한 우두커니 서 있다가 마지막에 결혼 서약의 대답으로 짧게 "네." 정도 하는 게 끝이지요. 모두가 진정으로 신랑신부를 축하해주는 분위기는 진정 만들어질 수 없는 걸까요? 화려하진 않더라도 하객과 하나가 되어 축제처럼 즐기는, 신부대기실도 틀에 박힌 순서도 없는 그런 결혼식은 불가능한 걸까요?

예비 시댁, 예비 처가댁 눈치 볼 거는 왜 그리 많은지…. 이건 해야 하고, 저것도 해야 하고, 결혼장소나 초대하고픈 하객도 어른들의 의향에 의해 많이 좌우되곤 하지요. 요새 젊은 것(?)들이라 영화나 글로 웨딩을 접해 머리에 이상만 커서 그런 것인가 스스로 위로도 해보지만, 그게 어디 위로가 되나요? 실제로 결혼 준비하다가 싸우고 헤어지는 커플이 많다고 하네요.

결혼식의 진짜 주인공은 신랑신부입니다. 너무나 당연한 이 말이 확 와닿는 이유는 그동안 결혼식이 이와 많이 동떨어져 있었기 때문일 것입니다.

양가 어른들에게 소규모로 의미있는 결혼식을 올리고 싶다고, 예의 바르게 이야기를 꺼내보세요. 대략 100명 남짓의 꼭 초대하고픈 하객에 간소하고 소박한 예식. 하지만 편안하고 자유로운 작은 결혼식을 올리고 싶다고요. 최근 셀프웨딩 문화가 확산되면서 크게 반대하지 않는 분위기인 듯도 하네요.

어쨌거나 결혼식을 진행하려면 준비가 필요하겠죠? 일반적인 웨딩업체를 끼지 않고 '작은 결혼식'을 지향한다면 더욱 더 계획을 세워서 준비해야 할 거예요. 예전에도 유학생 커플이나 하객이 많지 않은 커플들이 작은 레스토랑이나 펜션을 빌리고 케이터링 업체를 불러서 소규모 웨딩을 하긴 했지만, 파티 웨딩문화를 콘셉트로 한 베일리 하우스 등이 생기면서 프라이빗 웨딩문화가 형성되기 시작했습니다.

프라이빗 웨딩은 처음에는 기획과 연출, 장소와 케이터링 비용이 결코 저렴하지 않은 고가의 웨딩이었어요. 하지만 다행스럽게도 스몰 웨딩, 작은 결혼식이 관심을 끌면서 지금은 금액을 조율할 수 있는 다양한 상품들이 나와 있습니다. 덕분에 이제는 하객 인원의 많고 적음을 떠나 파티 같은 웨딩, 특별한 콘셉트가 있는 웨딩, 그리고 알뜰한 결혼식이 가능하게 되었답니다. 자, 그럼 좀 더 합리적이고 의미있는 결혼식은 어떻게 준비해야 하는지 하나하나 살펴보도록 할까요?

리얼웨딩 기획하기
A to Z

셀프로 준비하는 리얼웨딩은 신랑신부 당사자가 원하는 대로 그날의 분위기를 만들 수 있다는 장점이 있어요. 원하는 결혼식 연출이 가능한 거지요. 연애 스토리를 담은 연출도 가능하고 직업 또는 취향을 반영한 연출도 가능합니다. 어떤 테마를 잡든 둘만의 이야기를 담을 수 있다는 것이 큰 장점이라 할 수 있습니다.

셀프로 하우스 웨딩을 준비하기 위해서는 사전에 철저한 준비를 해야 해요.

입구에서부터 결혼식 소품 및 무대를 어떻게 꾸밀지 정하고
도움을 받을 사람도 꼭 준비해야 하지요.

하지만 같은 이유로 기획부터 어려움을 겪을 수도 있어요. 기존 리얼웨딩에 관한 사례가 빈약할 뿐만 아니라, 해외 사이트에서 보는 데코레이션, 즉 결혼식 소품의 종류가 터무니없이 부족하거든요. 게다가 장소 섭외에도 어려움을 겪을 수가 있지요. 여러 해외 사이트에 있는 정보들은 현재 우리나라에서는 구하기 어려운 재료들이거나 비용이 꽤 들어가는 것들도 많아요.

소규모 웨딩을 디렉팅해주는 곳들이 생겨나고는 있지만, 아직까지 많지 않고 고민 없이 맡기기에는 만만치 않은 비용이 들 수도 있습니다. 게다가 또 리얼웨딩이란 본식 당일을 말하는 것이기 때문에 스스로 준비하더라도 세팅은 누군가의 도움을 받아야 하지요. 하객이나 친구들의 도움을 필요로 한다는 점에서 난관에 부딪칠 수 있습니다. 이런 어려움 때문에 처음에 예상했던 예산보다 초과하거나 생각지 못한 비용들이 툭툭 불거져 나오기도 해요. 그래서 꼼꼼히 기획하고 철저히 준비해야 하는 것입니다. 그럼 어떤 준비를 해야 하는지 살펴보기로 해요.

모두가 즐거운 파티 같은 결혼식은 그렇게 이루어집니다. 하지만 평생 기억에 남는 의미있는 결혼식이 될 거예요.

사전조사

리얼웨딩에서 가장 중요한 것은 콘셉트를 잡는 것입니다. 마음속에 하고 싶은 결혼식 느낌을 우선 구상해보세요. 그러나 셀프웨딩 촬영하고는 다르게 고려해야 할 점이 많습니다. 일단 여러 가지 사전조사가 필요한데요, 우선 하객 수와 예식을 해야 하는 위치를 먼저 파악하는 것이 중요합니다.

셀프웨딩이 가능한 장소 중에는 하객 수의 제한(100~150명 이하)이 있는 곳이 많은데다가 도심 외곽에 위치한 곳이 많기 때문입니다. 그리고 예상 식대도 중요합니다. 제대로 된 하우스 웨딩홀은 케이터링 비용이 들고, 또 요즘 인기 있는 레스토랑이나 전시관 같은 경우에는 대관료가 있으니 기본 예산안을 잡아서 사전조사를 해야 합니다. 미술관이나 펜션에서의 웨딩 등 야외 예식을 하고 싶다면 날짜와 시간 또한 잘 고려해야 할 것입니다.

장소 검색

그 다음 해야 할 것은 장소 정하기입니다. 마음속에 정해놓은 콘셉트의 연출이 가능한 장소를 섭외해야 하는데요, 장소를 정한 후 거기에 맞는 콘셉트를 잡아도 무방합니다. 다만, 하우스 웨딩을 할 수 있는 장소가 많지 않기 때문에 수용 가능한 하객 수, 그곳에서 필수로 해야 하는 것들(케이터링, 꽃장식 등)과 대관료 등을 체크하면서 섭외에 들어가야 할 것입니다.

콘셉트 잡기

업체 미팅 전, 콘셉트를 잡아야 합니다. 원하는 콘셉트들을 검색하여 기본 가이드라인을 잡아보세요. 그동안 그 식장에서 진행한 자료들도 보고, 혹 새로운 곳에서의 웨딩이라면 여러 외국 자료들을 검색해서 나만의 콘셉트를 잡아야 하지요. 콘셉트는 셀프웨딩 촬영 시의 콘셉트 잡기와 비슷하게 준비하면 됩니다.

데코업체 및 케이터링, 메뉴 선정하기

웨딩 데코레이션은 두 가지 방법이 있습니다. 웨딩 데코 업체와 미팅 후 원하는 시안을 맡기는 방법이 그 하나이고, 각각의 업체 컨텍을 따로 하는 방법이 또 다른 하나입니다.

첫 번째 방법은 한 곳에 다 의뢰하기 때문에 준비가 손쉽고, 업체에서 관리 및 지휘를 하기 때문에 믿고 맡길 수 있다는 장점이 있습니다. 다만 컨설팅 비용이 발생하므로 예산이 조금 더 들겠지요?

두 번째 방법은 여러 업체를 스스로 핸들링해야 하기 때문에 신경 쓰고 체크해야 할 부분이 많다는 단점은 있으나 비용은 상대적으로 저렴하고, 또 스스로 준비한다는 의미도 있을 것입니다. 그러나 요즘은 예식장마다 데코 업체들이 필수로 들어가 있는 곳들이 많아서 그 또한 고려해서 선정해야 합니다.

케이터링 업체를 결정하는 것도 중요합니다. 결혼식은 손님을 모시는 파티이기 때문에 식사가 아주 중요합니다. 그래서 홀의 크기와 시간대, 예산, 하객의 연령대 등을 고려해 메뉴를 선정해야 하지요. 케이터링 업체 선정 시 의자와 테이블 단상 등 기본 데코레이션이 가능한 곳들이 있으므로 셀프로 진행할 때에는 소품까지 고려해서 결정하는 것이 좋습니다.

드레스, 메이크업, 포토 결정하기

식장에 관한 준비를 마쳤으면, 이제 신부가 될 준비를 해야겠지요? 드레스는 구입할 것인지, 대여할 것인지 정해야 하고, 메이크업숍은 어디로 결정할지, 웨딩포토는 어떻게 찍을지를 정해야 하는데요. 데코 업체와 연계된 곳에서 진행해도 되고, 일반 웨딩 컨설팅 업체에서 드레스와 메이크업만 진행해도 됩니다. 물론 직접 검색 후 예약을 해서 방문하는 방법도 있으므로 각각의 장단점을 고려해 결정하면 됩니다.

부케 및 소품 정하기

콘셉트와 드레스 등 모든 준비가 끝났다면, 최종 콘셉트에 맞는 부케나 신부 소품, 데코들을 결정합니다. 그리고 데코팀(업체 혹은 친구)과 상의해서 포토테이블이나 단상, 아치, 버진 로드 등 세세한 소품을 정하고 구입 혹은 대여합니다. 해외구매나 대여의 경우 배송 문제가 있으므로 사전에 검색과 진행을 해놓는 것이 좋습니다. 업체 의뢰 시에는 이 단계는 신경 쓰지 않아도 됩니다.

진행요원 구성하기

결혼식 당일 신랑신부는 주인공이므로 스스로 진행까지 할 수는 없습니다. 그러므로 사전에 진행요원들을 구성하는 것이 중요합니다. 데코레이션을 도와줄 친구와 안내를 해줄 친구, 감독을 맡아줄 친구 등이 필요할 것입니다. 생각보다 여러 명의 진행요원이 필요합니다. 하지만 업체에 의뢰한 경우 이 또한 신경쓰지 않아도 됩니다.

리얼웨딩 콘셉트별 스타일링

고려해야 할 것이 많은 리얼웨딩인 까닭에 엄두도 못내고 포기하는 신랑신부가 많습니다. 하지만 처음부터 끝까지 스타일링이 가미된 테마 웨딩이 아니라, 단지 나만의 특별한 무언가를 조금 보태는 정도라면 그 또한 셀프웨딩이 아닐까요? 이번에는 실사례를 들어 셀프 리얼웨딩의 다양성에 접근해보려고 합니다.

정말 적은 비용으로 알차게 진행한 셀프웨딩도 있고, 일반 예식장에서 절반 정도만 셀프웨딩을 하는 경우도 있습니다. 관련 업체를 통해 데코레이션을 맡기는 경우도 있습니다. 여러 가지 사례를 눈여겨보고, 나에게 꼭 맞는 셀프 리얼웨딩을 기획해보세요.

{ 리사이클 빈티지 웨딩 }

적은 비용으로 소박하고 깔끔한 결혼식을 하기로 의기투합한 예비 신랑신부 한 쌍이 어느 날 찾아왔습니다. 그 둘은 형식적이지 않은 파티 같은 웨딩을 원했죠. 그래서 강남역의 한 레스토랑을 빌렸고 과감히 결혼식의 순서를 탈피하여 파티처럼 본식을 진행하기로 하였습니다.

상담을 하다 보니 신랑신부 모두 건축을 전공했더라고요. 그래서 뭔가 직업이 돋보이는 연출을 하는 것이 어떠냐고 제안을 했습니다. 그랬더니 건축물이 돋보이고 소품을 많이 배제한, 다시 말해 건축과 인테리어 자체가 도드라진 최소한의 데코레이션을 원하셨어요.

고심 끝에 공사장에서 공수해온 벽돌과 커피 자루로 쓰는 삼베원단, 허브화분으로 꾸며 리사이클 빈티지 웨딩을 진행하기로 했답니다. 예비 신부가 빈티지 블루 컬러를 간절히 원해서 부득이하게 부케와 소품은 조화 만들어 진행해야 했지만 덕분에 리사이클의 의미가 더욱 돋보이게 되었지요.

↑ 벽돌과 원목으로 꾸며진 레스토랑 벽면에 삼베 원단으로 단상을 꾸며 주었고 빔 프로젝트를 쏘기 위해 장식은 배제하였습니다.

↑ 신랑신부 단상 옆에 벽돌과 허브 화분으로 장식하여 소박한 느낌을 연출하였습니다. 허브 화분에도 삼베원단과 크래프트지, 노끈으로 장식해 빈티지함을 더했습니다. 테이블에도 허브 화분과 블루 포인트로 통일감을 주었고, 테이블 매트도 내추럴 린넨으로 오가닉 느낌을 연출했습니다.

↑ 이날의 하이라이트는 포토테이블입니다. 두 곳에 포토테이블을 연출해보았는데요, 벽돌을 살려 사진을 붙이는 포토월과 입구에 장식한 포토테이블입니다. 삼베와 나무, 초와 허브로 꾸며 사랑스럽게 꾸몄습니다.

∴ 방명록 대신 칠판에 덕담을 적어 사진을 찍는 방식으로 자연스럽고 편안한 파티 느낌을 조성했습니다.

　　드레스는 가벼운 투피스 느낌으로 사랑스러움을 연출했고, 빈티지 블루 색상의 벨트와 슈즈로 포인트를, 부케와 코사지를 세트로 장식했습니다. 메이크업은 최대한 내추럴하게 했습니다. 이날 로맨틱한 헤어 연출을 위해 신부님은 긴 머리를 싹둑 자르는 대담함을 보이셨답니다.
　　보타이도 삼베원단으로 만든 후 빈티지 블루 색상으로 포인트를 주었고 부토니에도 당연히 세트로 했습니다.
　　양가 부모님과 사회자들도 신랑신부에 맞춰 조화로 꾸며보았답니다.

　　신부님 친척분의 색소폰 연주와 남녀커플의 사회 진행, 계단과 단상을 꾸민 허브화분을 들고 단체사진을 찍는 이벤트를 연출해서 더욱 재미난 사진을 만날 수 있었습니다.

{ 옐로 포인트의 성당 웨딩 }

외국 분위기가 물씬 풍기는 성당에서의 결혼식을 원하는 예비 신랑신부를 위한 리얼웨딩 콘셉트입니다. 이 커플이 결혼한 성당은 지은 지 백년도 넘었다고 하네요. 그래서인지 실내가 넓었는데도 동선이 좋지 않아서 실내에서의 결혼식은 무리가 있었어요. 하지만 5월이 예식인데다가 형식적인 신부대기실도 싫고, 가족만 오는 소규모 웨딩이라 방명록이나 축의금을 받을 필요가 없다는 신부님의 의견에 따라 멋진 야외 웨딩을 기획해보았습니다.

⋯ 헬퍼 이모가 없는 자유로운 결혼을 원하는 신부님이라, 드레스를 짧게 맞춰서 발목 길이의 원피스 형식으로 드레스를 맞춤했어요. 베일 대신 헤어캡 장식을 위해 등을 파고 러블리한 퍼프 소매가 있는 보트넥의 미카도 실크 드레스를 맞추었습니다.

⋮ 하객들도 사진도 찍고 구경을 다니는 즐거운 결혼식이었습니다. 풍선은 멋진 촬영 소품이 되기도 했고요.

⋮ 야외에 너무 예쁜 곳들이 많았어요. 신부가 하도 돌아다니는 바람에 신부를 찾으러 다니는 해프닝이 일어났지요. 가장 마음에 들었던 나무에 포토존을 마련해보았습니다. 작은 새장 두 개에 생화를 장식하고 의자를 두 개 놓은 다음 풍선을 하나 장식하는 것만으로도 완벽한 신부대기실이 완성되었지요.

↕ 같은 꽃으로 성당 안을 장식하였고 다발 형식으로 만들어 답례품으로 가져갈 수 있게 했답니다.

↕ 빈티지 헤어캡과 코사지, 베일로 두 가지 연출을 해서 따로 웨딩촬영을 하지 않아도 멋진 사진을 찍을 수 있었던 성당에서의 웨딩이었습니다.

{ 음악과 함께한 공연장 웨딩 }

지인이던 신랑님이 걸어온 전화 한 통. 집에서 결혼을 하고 싶다고 하셨습니다.
"집이라고?" 의아함으로 시작된 상담은 "그래, 집!"으로 되었죠.
음악을 너무 사랑해서 집에 작은 공연장이 있는 예비 신랑의 고향집에서 이루어진 결혼식입니다. 이른바 뮤직 웨딩!

↑ 집에 있는 각종 악기와 악보들과 함께 플라워를 세팅하였고 신부대기실을 야외로 이동, 활동성과 자유로움을 강조했습니다.

↑ 자유로운 식장 입구의 분위기와는 다르게 실내에는 공연장의 조명과 어울리는 성스러운 결혼식을 연출했죠.

⋮ 신랑신부의 결혼서약과 결혼 행진은 이날의 하이라이트지요. 이곳에 모인 모든 하객들의 축하를 받을 수 있는 분위기를 만드는 것이 중요합니다.

{ 저렴하게 진행할 수 있는 캠퍼스 웨딩 }

중앙대 유니버시티 클럽 11층 세미나홀에서 이루어진 웨딩이었는데요. 학교에서 진행되는 웨딩은 저렴하다는 장점이 있지만, 자칫 썰렁할 수 있으므로 사전 콘셉트를 잡고 소품 세팅을 어떻게 하면 좋을지 정하는 것이 중요합니다.

로맨틱한 핑크화이트 : 핑크화이트 콘셉트로 로맨틱함을 표현했습니다. 흐르는 시폰 원단으로 아치를 장식하고, 화이트와 핑크 꽃으로 포인트를 주었습니다.

내추럴한 그린화이트 : 오가닉 원단으로 기본을 잡고 화이트와 그린 색상이 도드라지도록 버진 로드를 인조잔디와 기둥으로 세팅해 야외 느낌을 가미했고, 소박한 느낌의 꽃들로 자연스러움을 더했습니다.

{ 일반 웨딩홀에서의 작은 결혼식 }

하우스 웨딩이 너무 하고 싶었지만, 하객 수와 위치, 또 부모님의 반대에 부딪혀 일반 웨딩홀에서 결혼을 하게 된 신랑신부입니다. 그렇지만 셀프웨딩 촬영 등의 노하우를 살려 하나부터 열까지 나만의 의식을 치루려고 노력했답니다.

↑ 드레스와 메이크업은 업체의 도움을, 결혼식은 일반적인 웨딩홀에서 진행해도 충분히 개성있는 결혼식이 가능합니다.

↑ 하우스 웨딩 같은 느낌이 물씬 풍기는 식장을 선택했고, 축가도 직접 섭외하고, 식순도 손수 짜서 주례없는 예식으로 진행했습니다.

← 그동안 셀프웨딩 촬영한 사진으로 앨범을 만들어 포토테이블에 전시도 하고 직접 지문트리도 만들었습니다.

↓ 답례품도 직접 주문, 장식해서 좀 더 기억에 남을 수 있게 했어요.

{ 이태리 레스토랑에서의 하우스 웨딩 }

'작은 결혼식' 하면 가장 흔하게 떠올리는 것이 레스토랑에서 하는 하우스 웨딩이 아닐까 싶네요. 정원이 있는 이태리 레스토랑에서 실내와 실외를 오가며 기억에 남을 파티를 여는 거지요. 최대한 편안하고 자연스러운 분위기로 축하 분위기를 만드는 것이 포인트입니다.

그린화이트 : 화이트와 그린으로 콘셉트를 정해 채플 웨딩을 진행한 예입니다. 흐드러진 화이트 꽃으로 내추럴함을 더하고, 브라운 원단을 배경으로 하여 포토테이블을 장식했습니다. 레스토랑에 묵직하게 떨어지는 화이트 플라워는 우아함까지 연출해주네요.

블루오렌지 : 블루를 기본으로 하고 오렌지를 포인트 컬러로 하여 산뜻하게 세팅한 웨딩파티입니다. 청량한 딥블루로 시원함을 표현하였고, 오렌지 컬러로 자칫 차가울 수 있는 블루에 활력을 주었습니다. 소규모 웨딩이므로 하객을 위한 핑거푸드, 포토테이블 등 볼거리도 풍성하게 준비했습니다.

오렌지 : 발랄한 느낌을 주는 오렌지 색상으로 꾸민 웨딩입니다. 포토테이블과 웨딩아치, 핑거푸드까지 오렌지를 가미하여 발랄하게 표현했습니다. 레스토랑 분위기와 어우러져 파티 느낌이 물씬 나지요. 부케와 부토니에까지 상큼한 오렌지색으로 꾸며 더욱 돋보입니다.

{ 일반 웨딩에 셀프웨딩을 접목한 시민청 예식 }

시민청에서 퓨전 한식으로 꾸민 결혼식인데요. 데코업체에서 데코레이션만 하고, 한복과 메이크업, 사물놀이 섭외 등 나머지는 신랑신부가 직접 준비했답니다. 개량 드레스 한복에 멋진 부케를 들어 신부의 모습을 완성하였고, 식순은 전통혼례를 따랐습니다. 사물놀이패를 불러 입장과 퇴장을 하여 볼거리를 선사하였습니다.

↑ 신랑신부의 자연스러운 모습이 보기 좋습니다. 전통혼례와 일반 예식의 장점을 살려 정말 즐겁고 신나는 축제 같은 분위기였습니다.

↑ 드레스를 고집하지 않아도, 고유의 한복을 입어도, 아름다운 신부 연출이 가능합니다.

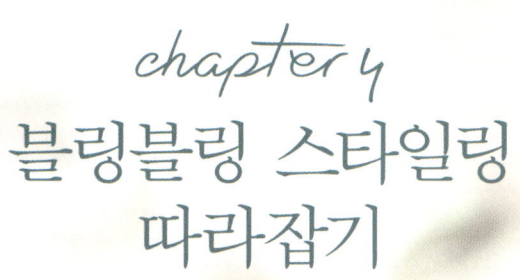

chapter 4
블링블링 스타일링 따라잡기

웨딩의 콘셉트을 잡았다면 이제 디테일한 스타일링에 들어가야 합니다. 드레스나 원피스 등의 의상, 콘셉트에 맞는 헤어 메이크업, 그리고 신랑의 의상 및 소품, 헤어 장식이나 부케 등의 소품 등이 그것입니다. 이번 챕터에서 셀프웨딩 스타일링에 관한 모든 것을 집중 탐구해 보도록 하겠습니다.

셀프웨딩 촬영을 위한
드레스 고르기

셀프웨딩 촬영을 할 때에는 혼자서 드레스를 입어야 하고 주로 야외촬영을 하기 때문에 갈아입기 편하고 심플하며 구김이 적고 세탁이 용이한 의상이 좋습니다. 그런데 일반 웨딩드레스숍에 있는 드레스들은 트레인이 길고, 디테일이 강해 혼자서 핸들링하기 어렵지요. 손상했을 경우 배상을 해야 할 수도 있으므로 셀프웨딩 촬영에는 적합하지 않습니다.

셀프웨딩 촬영을 할 때에는 셀프웨딩용 판매 드레스나 렌탈 드레스 숍을 이용해보세요. 셀프웨딩에 대한 관심이 높아진 터라 최근 셀프웨딩 판매 드레스 숍 및 렌탈 숍이 많이 생겼습니다.

나나씨 http://www.vintagewedding.co.kr/

70-80년대 스타일의 빈티지 드레스를 찾으신다면 나나씨를 찾아보세요. 빈티지 드레스에서부터 향수를 불러일으키는 다양한 원피스가 구비되어 있습니다. 광주에 위치해 있으므로 인터넷 예약이 필수입니다.

제스빈티지 http://blog.naver.com/jessvintage

본식용으로도 손색이 없는 드레스숍. 테마 웨딩에 적합한 여러 가지 스타일의 드레스를 구비해놓았습니다. 빈티지 드레스와 맞춤 드레스도 있습니다. 홍대에 피팅이 가능한 숍도 있습니다.

컨스턴트레인 blog.naver.com/constant_r

맞춤 디자이너 브랜드. 드레스 대여를 원하는 신부님도, 나만을 위한 드레스를 원하는 신부님도 모두 만족할 수 있는 곳입니다. 디자이너와의 상담을 통해 신랑신부가 원하는 스타일과 체형, 또는 장소에 맞는 드레스를 선택한 후 렌탈이 가능합니다.

드레스앤유 http://www.dressnu.co.kr/

드레스 스타일에서부터 미니드레스, 원피스 스타일까지 다양한 드레스가 있는 판매숍입니다. 금액대도 다양합니다. 원하는 콘셉트에 맞는 드레스를 고를 수 있습니다.

델라베일 http://www.dellaveil.co.kr/index.html

렌탈 및 판매용 드레스가 다양한 곳입니다. 드레스 외에 다양한 액세사리도 판매 및 대여하므로 원스톱 쇼핑이 가능합니다. 피팅할 수 있는 공간이 서울에 위치해 있습니다.

결혼식날을 위한 웨딩드레스 고르기

본식용 드레스는 아무래도 일반 웨딩 드레스숍을 이용하는 것이 좋겠죠? 드레스의 격이 다르기도 하거니와 신랑의 턱시도, 베일과 이어링, 티아라, 슈즈 등의 소품이 함께 포함되어 스타일링에 자신이 없다면 오히려 큰 도움을 받을 수 있습니다. 혼자서 이것저것 구비를 하다 보면 금액이 생각보다 만만치 않게 들기도 하니까요.

당일날 예식을 도와주는 헬퍼 서비스까지 제공되기 때문에 편하게 예식을 진행할 수 있습니다. 금액 또한 다양하므로(최저 30만 원~) 예산에 맞게 진행할 수 있어요. 요즘 해외직구로 구매하는 분들도 있긴 하지만, 가봉과 소품, 그리고 재판매의 어려움에 봉착할 수 있습니다. 물론 간직하고자 구매하는 것도 좋은 선택이지만요. 지금부터 설명할 내용은 웨딩드레스를 선택할 때 가장 기본적인 내용입니다. 드레스를 고르러 갈 때 도움이 되었으면 좋겠습니다.

드레스 투어 전 알아둘 것

1. 메이크업 : 노메이크업은 드레스를 입었을 때 언밸런스하기 때문에 정확한 드레스 선택에 도움이 되지 않습니다. 적당히 화사하게 메이크업을 하고 가세요. 그래야 드레스를 입었을 때 아름답게 보입니다.

2. 복장 : 옷을 입고 벗기 편하게 남방 또는 블라우스나 원피스 같은 옷을 입습니다. 속옷에도 신경을 쓰기 바라요. 짙은 색보단 연한 색의 속옷이 좋습니다.

3. 헤어 : 드레스숍에 가면 헤어를 올려주기 때문에 샴푸를 하고 가는 센스는 필수. 머리가 헝클어질 수도 있으니 머리를 묶을 수 있는 머리끈이나 모자를 준비해가면 좋습니다.

4. 제모 : 겨드랑이 제모는 필수입니다.

5. 액세서리 : 기본적으로 드레스숍에 가면 드레스에 맞는 티아라와 이어링을 해줍니다. 이때 액세서리를 착용하고 있었다면 꼈다 뺐다 하는 번거로움과 분실의 우려가 있겠지요. 반지나 목걸이 같은 귀중품은 집에 두고 가도록 하세요.

6. 스크랩 : 혹시 입고 싶은 디자인이 있다면 스크랩해가세요. 피팅에 도움이 됩니다.

7. 향기 : 드레스를 입혀주는 분을 위한 매너겠죠. 식사를 했다거나 담배를 피웠을 경우 껌이나 가그린 정도는 해주세요. 특히 여름에는 땀이 많이 나므로 조심! 살짝 향수를 뿌리는 것도 좋습니다.

실루엣에 따른 웨딩드레스

가장 예쁜 웨딩드레스는 신부의 몸매를 가장 잘 살려주는 디자인이라 할 수 있습니다. 여러 가지 실루엣 중 어떤 것이 자신의 몸매를 살리고 단점을 커버하는지 잘 살펴보고 선택하는 것이 중요합니다.

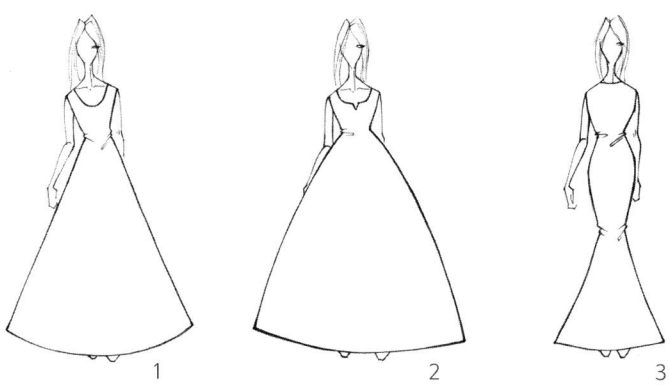

1. A 라인(A-Line)

장 무난한 스타일입니다. 어떤 체형에도 어울리는 클래식한 라인이 많습니다. 하체가 통통하거나 전체적으로 통통한 체형, 혹은 키가 작은 신부에게도 잘 어울리며 아주 날씬해 보이는 효과가 있습니다. 단 허리가 굵은 체형은 전체적으로 통통해 보일 수 있으니 금물.

2. 벨라인

드레스라고 하면 떠올릴 수 있는 스타일. 잘록한 허리에서부터 과하게 퍼지는 벨라인부터 허리라인을 강조한 로우웨이스트까지 다양합니다. 어려보이고 발랄해 보이는 드레스로 적합합니다. 키가 너무 작으면 더 작아 보이고, 너무 크면 더 커 보이는 효과가 있으니 조심해야 합니다.

3. 머메이드 라인

세련되고 성숙한 라인의 드레스입니다. 일명 인어 라인이라고도 부르는데 여성의 보디라인을 따라 흐르는 듯한 실루엣을 표현해 성숙미가 넘칩니다. 가슴에서 허벅지 힙까지 붙는 머메이드와 힙부터 퍼지기 시작하는 세미 머메이드가 있습니다. 상체가 날씬하며 골반이 있는 몸매 라인에 적당합니다. 마른 분부터 살짝 통통한 분들까지 두루두루 어울립니다.

4   5   6

4. H라인

가슴 아래나 허리에서부터 다리로 내추럴하게 떨어지는 드레스. 여신 느낌이 물씬 나서 여신 드레스라고도 합니다. 주로 촬영용 드레스로 적합하지만, 레이스로 된 H라인 드레스는 본식에도 고급스럽게 돋보일 수 있습니다. 키가 너무 작거나 통통한 분은 어울리지 않습니다.

5. 엠파이어(Empire)

가슴 아래에서부터 허리선이 시작해 스커트는 슬림하고 우아한 느낌으로 떨어지는 드레스로 로맨틱하고 귀여운 느낌이 납니다. 하이 웨이스트 H 라인에 스퀘어 네크라인, 퍼프소매를 함께 매치하는 것이 일반적이며, 가슴이 작은 신부에게 잘 어울리는데 허리선을 높게 디자인해 하체가 길어 보이는 것이 장점입니다.

6. 프린세스 라인

바디 부분은 타이트하게 피트되고 스커트는 자연스럽게 플레어되는 원피스 형태의 드레스입니다. 우아하고 심플한 분위기를 원하는 신부에게 인기가 많습니다. A라인과 유사한 느낌이지만 프린세스 라인은 어깨에서 스커트 밑단까지 이어지는 세로 솔기가 있습니다. 허리가 두껍고 어깨가 넓은 체형에도 어울립니다.

네크라인에 따른 웨딩드레스

네크라인은 얼굴의 형태, 목둘레, 목길이에 따라 많은 영향을 받습니다. 특히 웨딩드레스는 신부의 얼굴형이나 전체적인 실루엣을 고려해 선택하는 경우가 많아 어떠한 디테일보다 중요합니다. 네크라인은 예식 장소에 맞게 선택하는 것이 좋은데 이는 네크라인에 따라 상체의 노출 수위가 정해지기 때문입니다.

 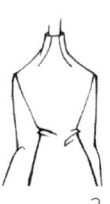   

1. 보트 네크라인 (boat)

쇄골 뼈를 살짝 드러내는 정도로 완만하게 파인 네크라인으로 보트의 밑 부분과 닮았다고 해서 붙여진 이름입니다. 주로 소매가 없거나 캡 소매가 달린 디자인에 쓰입니다. 어깨가 좁고 가슴이 큰 여성에게 잘 어울리며, 얼굴이 긴 신부의 결점을 커버해줍니다.

2. 하이 네크라인 (high)

목선 위로 라인이 올라와 정숙하고 클래식한 분위기를 연출합니다. 주로 레이스 소재가 많으며 교회나 성당 등의 예식에서 많이 선택됩니다. 레이스의 소재와 소매의 유무, 비딩 등의 느낌에 따라 다양하게 선택할 수 있습니다.

3. 캐미솔 네크라인 (Camisole)

어깨를 완전히 드러낸 톱 드레스에 가는 어깨끈을 달아 연출하는 스타일로 목과 어깨의 자연스러운 노출이 섹시하면서 귀여운 여성미를 강조합니다. 웨딩드레스 외에도 컬러감 있는 애프터드레스나 이브닝드레스에도 자주 사용됩니다.

4. 스퀘어 네크라인 (Square)

사각형의 각진 네크라인을 말합니다. 노출이 적도록 작게 파인 것이나 어깨 근처까지 크게 파인 것 등 다양한 모양이 있습니다. 목선을 드러내기 때문에 시원하고 세련된 분위기를 연출할 수 있습니다. 각진 얼굴이나 역삼각형 얼굴의 신부는 피해야 하는 스타일입니다.

5. 스위트 하트/하트 셰이프트 네크라인 (Sweet Heart/Heart Shaped)
스위트 하트는 하트의 윗부분을, 하트 셰이프트는 하트의 아랫부분을 닮은 네크라인으로 신부들에게 가장 사랑받는 디자인입니다. 부드러운 곡선과 뾰족한 끝점을 모두 가지고 있어 각진 얼굴뿐 아니라 어떤 얼굴형에도 잘 어울립니다.

1   2   3   4   5

1. 홀터 네크라인 (Halter)
앞이 깊게 파이고 목 뒤로 묶는 형태의 네크라인으로 지하철 환기구에서 바람에 날리는 스커트를 잡고 있는 마릴린 먼로의 하얀 드레스를 떠올리면 이해가 쉽습니다. 등과 어깨가 모두 노출되기 때문에 홀터 네크라인을 입을 때는 속옷 선택에 신경을 써야 합니다.

2. 브이 네크라인 (V-Neckline)
V 모양으로 파여진 네크라인입니다. 가슴 부분이 깊게 파여 몸매를 잘 드러낼 수 있는 드레스입니다. 목이 짧거나 갸름해 보이길 원하면 어울리는 디자인이지만 성숙해보일 수 있다는 단점이 있습니다.

3. 라운드 네크라인 (Round)
가장 기본이 되는 네크라인으로 목선을 둥글게 판 디자인을 말합니다. 파인 정도에 따라 느낌이 달라지지만, 일반적으로는 얌전하면서 부드럽고 정숙한 이미지를 연출합니다. 각진 얼굴에 가장 잘 어울리지만 둥근 얼굴형을 제외하면 어느 얼굴형에나 무난하게 어울립니다.

4. 스캘럽트(Scalloped)
조개껍데기의 가장자리 라인과 비슷한 부채꼴 모양이 연결되어 있는 네크라인입니다. 물결을 연상시키는 부드러운 곡선미로 여성스러운 느낌을 강조합니다. 네크라인뿐 아니라 스커트의 밑단이나 오버 스커트의 가장자리에도 많이 쓰입니다.

5. 베어 숄더(Bare Shoulder)
목과 어깨라인을 그대로 드러내는 네크라인입니다. 가슴에 볼륨이 있는 신부에게 잘 어울리는 스타일인데, 가슴 부분에 조개탑이나 러플장식 등으로 볼륨감을 주기도 합니다. 얼굴이 작고 체형이 예뻐 보이는 효과가 있지만 과도한 노출로 시댁 어른들의 시선이 신경 쓰인다면 가볍게 숄을 두르는 방법도 있습니다.

원단에 따른 웨딩드레스

· 튤
로맨틱하고 사랑스러운 느낌의 드레스입니다. 벨라인의 드레스에 많이 사용하며 발랄하고 사랑스러운 느낌을 줍니다. 소재의 빳빳함에 따라 여신 느낌의 연출도 가능합니다.

· 실크
가장 심플하고 세련된 느낌의 소재입니다. 실크의 소재도 세련된 새틴실크, 클래식한 미카도실크, 고급스러운 오간자 실크 등 다양합니다. 실크로만 드레스를 완성했을 때 가장 고급스러운 드레스가 탄생합니다.

· 레이스
클래식하고 빈티지한 느낌을 연출해주는 소재입니다. 어떤 라인에서 사용해도 여성스러운 느낌을 더해줍니다. 우아하거나 로맨틱한 연출을 원한다면 레이스가 덧대어진 드레스를 추천합니다.

· 시폰
하늘하늘한 시폰 소재로 만들면 여성스럽고 로맨틱한 느낌이 가득합니다. 하늘하늘한 느낌이라서 여신 같은 분위기가 나며 야외웨딩에서 더욱 돋보인다 할 수 있습니다.

chapter 4. 블링블링 스타일링 따라잡기

튤

레이스

레이스

레이스

시폰

실크

실크

나에게 맞는 드레스 스타일을 찾아라

이번에는 웨딩 콘셉트에 따른 드레스 스타일을 알아보겠습니다.
최근 사랑을 받고 있는 빈티지 스타일의 웨딩드레스부터 귀엽고 깜찍한
큐트 스타일의 웨딩드레스까지, 꼼꼼히 살펴보세요.
어울리는 드레스를 선택하면 시행착오를 줄일 수 있을 거예요.

빈티지 스타일

빈티지… 우리가 흔히 쓰는 말이기는 하지만 정확하게 표현하기 힘듭니다. 네이버 지식백과에는 '일정한 기간을 경과해도 광채를 잃지 않는 어떤 특징의 두드러진 유행 또는 유행품을 가리킨다'로 되어 있네요. 한마디로 '오래되어도 가치가 있는 것'을 가리키는 것이 아닐런지…. 옛것이 주는 아련함과 향수, 그리고 클래식함을 표현해주는 빈티지 스타일 한 번 보실까요? 아주 오래된 느낌의 오리지널 빈티지 드레스부터, 빈티지 느낌의 레이스 드레스까지 선택의 폭이 넓습니다. 아! 빈티지 소품 하나만으로도 빈티지를 연출할 수 있음도 기억하세요.

chapter 4. 블링블링 스타일링 따라잡기

보헤미안 스타일

자유로운 여신이나 히피 느낌을 살리고자 한다면 보헤미안 스타일을 추천합니다. 야외에서 촬영할 때 잘 어울리는 보헤미안 스타일은 하늘하늘한 드레스와 자연스럽게 풀어헤친 헤어스타일, 화관이나 꽃 등의 내추럴한 장식이 포인트예요.
자연과 어우러져 더욱 멋스러운 느낌을 연출하는데요, 작은 꽃들로 정갈하고 청순한 느낌부터 와일드하고 섹시한 느낌까지 스타일에 변화를 줄 수 있습니다.

레트로 스타일

레트로는 강렬하고 스타일리시한 복고 스타일입니다. 빈티지 중에서 조금 화려한 스타일이라고 할 수 있어요. 비즈 장식이 가미된 칵테일 드레스나 캐미솔라인의 드레스, 혹은 일반 웨딩드레스로도 연출이 가능한데요, 복고풍 헤어스타일(볼륨감을 준 번헤어나 핑거웨이브 등)과 잘 어우러지게 하면 특별한 느낌의 사진을 만들 수 있습니다. 약간 강렬한 눈 화장이나 버건디풍의 립스틱이 어울립니다.

chapter 4. 블링블링 스타일링 따라잡기

로맨틱 스타일

신부라면 누구나 꿈꾸는 로맨틱 스타일은 가장 다양하게 연출할 수 있는 스타일 중 하나입니다. 어떤 드레스라도 땋은 머리나 웨이브 헤어, 리본이나 화관, 코사지 등으로 사랑스럽게 연출한다면 오케이! 튤드레스나 꽃이 달린 드레스, 미니 드레스로 더욱 사랑스럽게 표현해보세요.

큐트 스타일

귀엽고 사랑스러운 느낌이 나는 큐트 스타일은 귀여운 미니드레스나 튤드레스가 어울립니다. 발랄한 느낌의 컬러 슈즈나 컬러 소품을 매칭하고 헤어스타일은 귀엽게 올린 똥머리나 땋은 머리, 소품은 리본 코사지, 머리띠 등으로 연출해보세요. 너무 과한 귀여움보다는 포인트를 잡아서 귀엽게 연출해하는 것이 포인트! 풍선이나 인형, 장난감 등의 소품을 활용하면 귀여움이 한층 업그레이드됩니다.

chapter 4. 블링블링 스타일링 따라잡기

내추럴 스타일

자연스럽고 순수한 느낌의 내추럴 스타일은 의외로 연출하기가 쉽지 않습니다. 자칫 준비를 하지 않은 듯한 느낌을 주기 때문인데요, 자연스럽게 떨어지는 시폰이나 실크 드레스, 자연스럽게 흩날리는 머리 스타일, 그리고 내추럴한 메이크업이 중요합니다. 지금 막 꺾은 온 듯한 부케, 아무렇게나 엮은 듯한 화관, 작은 코사지로 포인트를 주고 포즈도 과하지 않게 하는 것이 중요합니다.

나에게 맞는 헤어스타일을 찾아라

헤어와 메이크업은 웨딩 콘셉트를 표현하는 데 있어 결정적인 영향을 미칩니다. 메이크업과 헤어는 업체를 이용하는 경우와 셀프로 하는 두 가지가 있습니다. 업체를 이용하면 편하고 프로패셔널하다는 장점이 있지만, 이동을 해야 하고 비용 또한 만만치 않습니다. 반면 스스로 메이크업과 헤어를 할 경우 시간과 금액이 절약된다는 점, 그리고 자유자재로 스타일링할 수 있다는 장점이 있지만 자칫 어설퍼 보일 수 있지요. 어쨌거나 사전에 약간의 연습을 하면 충분히 멋진 스타일링을 할 수 있어요. 다만 그 전에 어떤 스타일이 자신에게 어울리는지 아는 것이 중요합니다. 그래야 업체를 이용하든 셀프로 하든 할 수 있을 테니까요.

다양한 변화가 가능한 롱 헤어

웨딩드레스에 가장 잘 어울리는 롱헤어는 다양하게 변화를 줄 수 있으며 소품의 연출이 자연스러워 가장 사랑받는 스타일입니다. 어느 정도의 길이감이 있는 것이 좋지만 긴 생머리는 자칫 초라해보이거나 성의 없어 보일 수 있기 때문에 웨이브 헤어를 권합니다.
길게 푼 머리에서부터 업스타일까지 스스로 할 수 있는 헤어가 많으므로 조금만 연구해보면 근사한 사진을 찍을 수 있을 겁니다. 간단히 할 수 있는 헤어스타일과 변형 방법은 뒤에서 알려드릴게요.

chapter 4. 블링블링 스타일링 따라잡기 190 / 191

상큼하고 사랑스러운 단발 헤어

상큼하고 사랑스러운 느낌을 주는 단발머리는 연출에 따라 느낌이 달라지며, 긴 머리에서는 느낄 수 없는 독특한 분위기가 있습니다. 길이감에 따라 조금씩 느낌이 다르지만, 주로 발랄하고 로맨틱하지요. 헤어밴드나 코사지, 프렌치 베일 등으로 개성 있게 연출해보세요. 묶이는 정도의 단발이라면 똥머리나 세미 업스타일이 가능하므로 미리 연습해두는 것이 좋겠죠?

스타일리쉬한 숏 헤어

가장 스타일리시한 헤어스타일은 바로 숏컷이죠. 앤헤서웨이의 숏컷부터 보브컷까지 컷 헤어스타일은 섹시하면서도 보이시하고, 청순한 매력까지 갖추고 있습니다. 다만 헤어 자체는 다양한 변화가 불가능하므로 헤어밴드나 두건, 캡모자 등을 활용해야 합니다. 연출만 잘 하면 가장 멋진 스타일을 연출할 수 있습니다.

> 웨딩 메이크업 포인트 알아두기

사실 드레스며 부케며 액세서리 등 모든 웨딩 소품들은 사실 얼굴을 돋보이게 하기 위한 거 아니겠어요? 그래서 메이크업은 신부들이 가장 중요하게 여기는 포인트라고 할 수 있습니다. 웨딩 메이크업숍을 선정할 때는 후기와 스타일을 면밀히 살펴 자기에게 맞는 스타일을 파악한 후에 고르세요.

'어디가 좋다더라'보다는 '이런 스타일은 어디가 잘 한다더라'가 더 믿을 만한 정보입니다. 숍을 찾는 것도 좋지만 나에게 맞는 메이크업 아티스트를 찾는 것도 중요합니다. 나의 스타일을 파악해줄 수 있는, 내가 원하는 느낌의 메이크업을 구현해줄 수 있는 메이크업 아티스트를 찾아서 상담 후 결정하는 것이 좋습니다. 본식 메이크업은 리허설이 따로 없으므로, 가급적 상담을 하고 진행하도록 합니다.

피부톤
촬영 시에는 셀프로 메이크업을 많이 하는데요, 촬영을 하는 것이므로 평소의 메이크업보다 조금 더 입체적으로 하는 것이 좋습니다. 아무래도 사진은 빛이 많이 들어가는 데다 평면적으로 보이기 때문이지요. 평소에 하지 않던 음영도 조금 넣어주는 것이 좋습니다. 자신이 없다면 연하고 진한 두 종류의 파운데이션으로 자연스럽게 펴발라 연출해보세요.

파우더는 과하지 않도록 합니다. 야외에서 오랜 시간 촬영하다 보면 땀이 나거나 유분이 나와 얼룩지는 경우가 있어 파우더를 덧칠하게 되는데, 오히려 더 얼룩지거나 검게 보일 수 있습니다. 파우더보다는 파운데이션을 덧칠하는 방법으로 덧화장을 하는 것이 자연스럽습니다. 만약 파우더를 하게 된다면, 퍼프가 아닌 붓으로 살짝살짝 덧칠해주세요.

눈썹
눈썹은 인상을 결정짓는다고 해도 과언이 아닙니다. 평소보다는 조금 짙고 굵게 그리세요. 어려보이고 선해 보입니다. 눈썹을 그릴 때는 눈썹용 펜슬이나 에보니 등의 회갈색 계열보다 연갈색과 진갈색 섀도를 섞어서 면봉이나 전용 붓으로 살살 메꾸듯이 그리는 것이 좋습니다. 빛에 의해 실제 눈썹이 보이지 않을 수 있으므로, 전체 눈썹 모근 쪽 살을 채워준다는 느낌으로 그려주세요.

눈화장
눈화장은 특별한 콘셉트가 있지 않다면, 가장 자연스러운 컬러로 하는 것이 좋습니다. 펄감 듬뿍 든 것보다는 내추럴한 컬러가 좋습니다. 눈매를 깊게 하는 것이 사진에서는 훨씬 예쁘게 나온답니다. 과하지 않게 아이라인도 그려주세요. 이때 반짝거리는 액상 종류로 만든 리퀴드 아이라이너는 금물. 사진을 찍을 때 반사가 되어서 나옵니다. 아이라이너 후에는 짙은 색상의 섀도로 그라데이션하여 자연스럽게 연출합니다.

속눈썹
속눈썹은 다른 어떤 메이크업보다 중요합니다. 속눈썹 양이 적다면 제일 자연스러운 속눈썹을 구입해 붙이세요. 가닥 속눈썹도 가능합니다. 아이라인과 함께 눈매를 또렷하게 해주므로 필수라고 할 수 있어요. 구입한 속눈썹은 본인의 눈 길이에 맞춰 자른 후 붙이면 되는데, 마스카라로 자신의 속눈썹과 연결시키면 불편한 느낌 없이 자연스러운 눈매가 완성됩니다.

얼굴에 입체감을 주는 메이크업
이제 얼굴에 입체감을 부여하는 화장법입니다.
하이라이트 : 액상 타입이나 크림 타입의 하이라이터나 한 색상 밝은 파운데이션 컨실러 등으로 표현합니다. 이마, 콧등, 눈밑뿐만 아니라, 눈썹 뼈 아래, 턱밑, 그리고 윗입술 위에도 살짝 하이라이트를 주세요. 입체적인 얼굴라인을 완성할 수 있습니다.
섀도 : 섀딩용 블러셔 또는 한 색상 어두운 파운데이션으로 표현합니다. 귀 뒤부터 앞으로 끌어오듯 합니다. 목 부분까지 꼼꼼하게 연출합니다.
블러셔 : 사진에서는 볼터치나 색상 표현이 잘 보이지 않는 경우가 많습니다. 자연스럽게 하되, 평소보다 조금 짙게 하는 것이 좋습니다. 로맨틱이나 큐트 스타일이 콘셉트라면 조금 과하게 해도 괜찮습니다. 촬영 장소에서 촬영 조명으로 미리 사진을 찍어 확인한 후 촬영에 들어가는 것 잊지 마시고요.

바디 메이크업
드레스를 입기 때문에 바디 메이크업은 필수입니다. 파운데이션 혹은 색상이 가미된 바디 로션 등으로 어깨 및 팔 라인의 색상을 고르게 하고, 하이라이트를 줌으로써 팔은 가늘게 쇄골은 돋보이게 만들어줍니다.

메이크업 시 유의사항
메이크업을 할 때 가장 주의할 점은 통일성입니다. 드레스 스타일, 헤어스타일, 그리고 메이크업 모두가 한 가지로 통일되어야 연출하고자 하는 콘셉트가 완성됩니다. 욕심을 부리기보다 하고 싶은 콘셉트를 정한 후 콘셉트에 맞는 메이크업을 하도록 신경을 쓰도록 합니다.

롱헤어 업스타일

젖은 머리를 여러 갈래 섹션을 나눠 땋아준다.
드라이로 말려서 풀면 네추럴한 웨이브가 된다.
머리 전체를 약간 언발런스하게 묶고, 새끼 꼬듯 두갈래로 꼰 머리를 돌려서
자연스런 업스타일을 연출! 거기다 코사지나 머리띠를 이용하면 셀프 헤어스타일 완성.

네추럴한 롱헤어 스타일

귀옆선까지 밑머리를 내어준다.
가르마 쪽에서 폭포땋기로 느슨하고 머리 흐르는 느낌으로 연출한다.

사랑스러운 롱헤어 스타일

가르마를 기준으로 뒷머리를 묶어준다.
리본 테이프를 이용해 헤어밴드를 하듯 고정시킨다.
앞머리를 살짝 고데기로 연출한 다음 리본 사이사이로 넣어 고정하면
사랑스러운 소녀 스타일 완성.

입체감 있는 하프 업스타일

옆가르마로 양쪽 사이드를 디스코 머리땋기를 한다.
양쪽으로 땋아진 머리를 U핀을 이용해 교차시켜 고정하고
한 번 더 꼬아 고정해주면 입체감 있는 반 머리 업스타일 완성!
리본이나 코사지로 연출한다.

웨딩의 격을 높여주는
웨딩소품 스타일링

웨딩드레스를 고르고 헤어스타일과 메이크업을 정했다고 신부의 스타일이 완성되는 것은 아닙니다. 나의 콘셉트를 더욱 완성도 있게, 또 돋보이게 해줄 웨딩소품이 필요하지요. 웨딩소품의 세계는 너무나도 무궁무진합니다. 하지만 대략의 종류를 파악하고 내게 맞는 스타일을 정한다면 나만의 특별한 웨딩에 한걸음 더 다가갈 수 있을 거예요.

{ 베일 스타일 }

웨딩의 테마와 웨딩장소의 느낌에 맞는 베일 선택이 중요합니다. 사전을 찾아보면 베일은 "여자들이 얼굴을 가리거나 몸을 장식하기 위해 쓰는 얇은 망사로 된 천이나 망"이라 되어 있어요. 결혼식에서 베일은 신부의 신비로움과 여성스러움을 돋보이게 해줍니다. 성당이나 교회에서 하는 결혼식은 우아한 분위기의 롱베일이 적당하고 야외결혼식이나 일반 예식장에서는 긴 베일보다 짧은 베일이 어울립니다.

러블리하고 귀여운 느낌의 숏베일

웨딩 베일을 길이에 따라 나누면 숏베일과 롱베일로 나눌 수 있습니다. 본식 때는 롱베일을 이용해서 우아한 아름다움을 연출하는 편이지만, 촬영 때는 숏베일을 착용해서 귀여움을 표현하기도 해요.

깔끔하고 순수한 느낌의 무지 롱베일

장식이 들어 있지 않은 무지 느낌의 길이가 있는 베일입니다. 신부의 우아함을 살리기 적당하며, 고정 헤어빗으로 머리에 살짝 끼워서 사용하면 됩니다.

단아하고 깔끔한 원베일

베일은 두께에 따라서 원베일, 투베일 등으로 구분합니다. 단어 그대로 베일이 한 겹이면 원베일이고 두 겹이면 투베일이지요. 그중 원베일은 단아하고 깔끔한 스타일을 연출합니다.

클래식하고 로맨틱한 느낌의 레이스베일

다양한 레이스의 디테일을 살리고 싶다면 레이스 베일을 추천합니다.

빈티지하고 로맨틱한 프렌치 베일

프렌치 베일을 선호하는 이유는 뭐니뭐니해도 '이국적인 분위기'를 연출하기 좋은 아이템이기 때문이겠죠? 왕족이나 귀족들의 결혼식 때 종종 사용된 소품이라고도 하네요

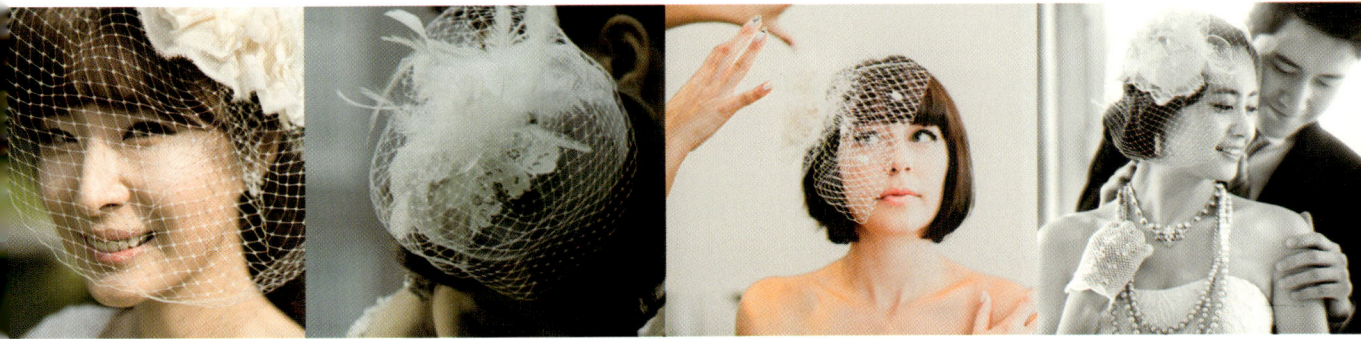

{ 헤어장식 스타일 }

웨딩 촬영에 주로 쓰이는 헤어장식에는 뭐가 있을까요? 사랑스러움 물씬 헤어밴드&헤어띠, 신부의 고급스러움을 나타내주는 티아라, 내추럴한 느낌을 살리는 코사지, 청초하고 자유로운 느낌의 화관, 패셔너블한 연출의 대명사 모자를 들 수 있겠지요? 헤어장식에 맞는 슈즈를 함께 준비해보세요. 애쓰지 않고도 멋진 사진을 찍을 수 있습니다.

화관
화관은 신부의 여성스러움과 사랑스러움을 강조하기에 딱 좋은 헤어장식입니다. 빈티지, 네추럴, 보헤미안 스타일의 드레스와 자연스럽게 웨이브진 롱헤어와 가장 잘 어울리기도 하지요. 간단하게 만들 수 있으므로 직접 꽃을 준비하여 만들어보세요.

헤어밴드&머리띠
가장 손쉽게 연출할 수 있는 헤어소품이 아닐까 싶습니다. 다양한 소재로 저렴하게 만들 수 있어 유니크한 연출이 가능합니다.

코사지

코사지는 원래 여성이 가슴이나 앞 어깨에 다는 꽃다발을 말했는데요. 웨딩 소품으로 각광받으면서 머리에 다는 헤어 코사지가 인기를 끌고 있네요. 예쁘고 우아하기까지한 코사지로 특별한 헤어스타일을 완성시켜보세요.

티아라

왕비나 공주의 왕관에서 비롯한 티아라는 신부에게 가장 어울리는 헤어소품이라 할 수 있습니다. 그중 크고 화려한 다이아몬드 티아라는 심플한 헤어스타일에 어울립니다. 단 헤어에 적당한 볼륨을 주어 티아라만 튀지 않도록 하세요. 숱이 많지 않고 짧은 헤어스타일에는 무거워 보이지 않는 티아라를 선택하도록 합니다. 진주와 다이아몬드로 장식된 티아라로 부담스럽지 않은 사이즈를 선택해보세요.

모자

여자의 변신은 끝이 없습니다. 헤어장식으로 화관이나 베일, 티아라만 생각하고 있었다면 생각의 전환을 가져보세요. 때로는 웨딩 모자로 옛것있는 스타일을 만들 수 있습니다.

{ 신부를 빛내주는 기타 웨딩소품 스타일 }

웨딩슈즈

결혼을 준비하는 신부는 가장 예쁘게, 그야말로 머리끝부터 발끝까지 드레스업하고 싶어하지요. 구두의 색이나 상태가 이에 못 미치고 초라하다면 아름다운 신부의 모습에 옥의 티라고 할 수 있습니다. 하지만 남들 산다고 나도 덩달아 혹해서 살 필요는 없습니다. 슈즈 코사지를 만들어 DIY를 할 수도 있고, 저렴하게 대여할 수도 있으니까요. 자신의 발 모양에 따라 편안한 슈즈를 고르는 것도 중요합니다.

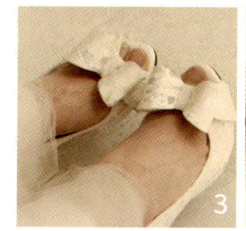

1. 로맨틱한 레이스 슈즈
2. 고급스러운 새틴 소재의 슈즈
3. 러블리 리본 슈즈
4. 섹시한 스트랩 슈즈
5. 클래식한 비즈 포인트 슈즈
6. 포인트가 되는 컬러 슈즈

웨딩장갑과 네일아트

웨딩드레스와 맞추어 분위기를 고릅니다. 소재와 길이 장식에 따라 다양하게 연출할 수 있습니다. 클래식한 실크 롱장갑부터 비즈가 장식된 장갑, 빈티지한 망사장갑 등 다양한 스타일이 있습니다. 요즘 결혼식에는 장갑을 생략하고 웨딩 네일아트만으로도 연출을 많이 하므로 네일아트에도 신경을 쓰도록 합니다.

액세서리

귀걸이, 목걸이, 반지, 티아라, 코사지 등의 액세서리는 웨딩 드레스와 얼굴형, 헤어스타일을 고려하여 착용하도록 합니다. 귀걸이는 너무 크지 않는 것이 세련되어 보이고, 목걸이는 잘 하지 않는 것이 추세입니다. 클래식한 분위기 연출을 위해서는 티아라를, 어려 보이는 느낌을 강조하려면 헤어밴드를, 로맨틱한 신부를 표현하기에는 코사지가 적합합니다.

부케

드레스와 더불어 가장 눈에 띄는 것이 부케라 해도 과언이 아닙니다. 부케의 느낌에 따라 신부의 분위기 또한 결정되므로 원하는 콘셉트와 드레스에 맞는 부케 선택이 필요합니다.

셀프웨딩&리얼웨딩 촬영용 데코소품

셀프웨딩 촬영 시 필요한 자잘한 소품들입니다. 야외 촬영 시 드레스를 많이 갈아입을 수 없으므로 소품들로 스타일링의 변화를 줄 수 있습니다. 콘셉트에 맞는 촬영 소품으로 표현하고자 하는 느낌을 표현해 보세요.

결혼식 당일에는 테마에 맞는 스타일링이 필요합니다. 포토 앨범, 웨딩 무대, 테이블 세팅 등을 테마에 맞게 통일된 느낌을 연출하는 것이 중요합니다.

내 남자의 스타일링!
신랑 의상과 소품

태어날 때부터 단순한 신랑들은 지나치게 꼼꼼한 신부의 결혼식 준비와 끊임없는 투어로 많은 스트레스를 받는다 하네요. 그래서 준비했습니다. 웨딩 촬영과 본식을 위한 '내 남자의 스타일링' 전격 해부!

{ 컬러별 턱시도 스타일 }

블랙

블랙 턱시도는 가장 클래식하고 가장 깔끔한 멋이 있지만 야외 셀프촬영 때는 그다지 선호하는 턱시도 컬러가 아닙니다. 하지만 가장 결혼식 사진 다운 느낌을 주지요. 화려한 컬러보다는 리얼웨딩 때 어울리고요. 촬영은 무난하면서 배경이 단조로운 컷에 잘 어울립니다.
파스텔 톤으로 색감이 들어간 풍선이나 꽃, 부토니에 같은 촬영 소품으로 포인트를 주면 더욱 좋아요. 셀프촬영을 하다 보면 배경 자체가 무난하기 때문에 조그마한 포인트를 줘도 큰 효과를 볼 수 있습니다.

화이트

화이트 턱시도는 자칫 부담스러워 보일 수도 있지만 웨딩촬영에는 아주 인기만점인 컬러입니다. 사진 자체를 화사하게 만들면서 피부톤도 환하게 보이게 하죠. 어느 액세서리와 매치해도 잘 어울립니다. 다만 신부의 화이트 드레스와 중복되어 특징 없는 사진이 나올 수 있으므로 보타이와 헹커치프에 포인트를 주는 것이 좋습니다. 포인트 컬러나 신부의 드레스 컬러에 맞게 포인트를 주면 더욱 예쁜 사진을 찍을 수 있어요.

그레이

블랙, 화이트와 함께 기본 컬러에 속하는 그레이 턱시도는 클래식하면서도 차분한 느낌이 납니다. 하지만 자칫 중후한 느낌이 강하게 날 수 있으므로 신중하게 선택해야 합니다. 붉은 톤의 피부가 아니라면 누구라도 무난하게 소화할 수 있습니다. 특히 동안인 신랑이 중후한 멋을 더하기 위한다면 금상첨화죠. 레드톤의 액세서리로 포인트를 주면 눈에 확 띄는 특징을 가지고 있습니다.

블루

남자의 상징인 블루톤의 턱시도는 셀프촬영 턱시도에서 가장 많이 쓰이며 어떤 배경이든지 잘 어울립니다. 화사하면서 캐주얼한 느낌이 나기 때문에 셀프촬영에 아주 제격이지요. 셀프웨딩 촬영 시 대부분이 화사한 공원컷이기 때문에 블루톤의 턱시도는 소품과도 잘 어울립니다. 또 신부를 빛나게 하고 드레스를 더욱 화사하게 만들어줍니다.

레드&핑크

레드 컬러의 턱시도는 배경이 단조로운 셀프촬영에서는 많이 쓰이지 않습니다. 신부보다 신랑이 튀어보일 수 있기 때문이죠. 다만 톤다운된 레드톤 턱시도의 경우 분위기 있어 보입니다. 저녁에 촬영을 하거나 화사한 분위기보다 모노톤의 현대적인 컷에는 레드톤의 턱시도가 분위기를 더해줄 것입니다.
핑크 컬러 턱시도는 예비 신랑이 가장 부담스러워하죠. 하지만 톡톡 튀는 컬러라서 포인트 컷으로 연출하기 좋습니다.

브라운

블랙, 화이트, 그레이처럼 모노톤의 컬러는 아니지만 레드, 블루 같은 튀는 컬러가 싫다면 베이지, 브라운톤의 턱시도가 최고이지 않을까 싶습니다. 분위기 있는 브라운 턱시도는 지적인 느낌을 주는 데 최고이기 때문입니다. 신랑을 지적이고 멋스럽게 해주면서 신부를 돋보이게 해주는 매력의 컬러입니다. 고급스러운 느낌과 따뜻한 느낌이 드는 사진을 연출할 수 있습니다.

{ 체형별 턱시도 스타일 }

체형별로 4가지로 분류해보았습니다. 키가 크거나 작거나, 뚱뚱하거나 마르거나 각자의 체형에 맞는 턱시도 스타일을 찾아보세요.

키가 크고 마른 체형

키가 크고 마른 체형은 솔직히 어떤 옷을 입어도 멋집니다. 대개의 옷을 소화할 수 있기에 좀 화려하고 아무나 소화할 수 없는 턱시도를 입어보는 것은 어떨까 싶네요.

세상의 한번뿐인 웨딩촬영에 누구나 입는 무늬 없는 턱시도보다는 정말 화려하고 튀는 턱시도를 시도해보는 것은 어떨까요? 단점이라면 자칫 사진에서 신부가 돋보이지 않을 수 있다는 점. 배경이 화려한 컷은 빼고 무난한 배경의 턱시도를 고르세요. 자칫 올림픽 공원에 한 마리 표범이 될 수도 있으니까요.

마른 체형을 보완하고 싶다면 더블브레스트 턱시도를 추천합니다. 더블 레스트 턱시도는 시선이 퍼져 보이기 때문에 마른체형을 커버하는 데에 제격이죠. 더블 정장 자체가 기장이 살짝 길기 때문에 긴 다리는 더더욱 돋보일 수 있다는 점 또한 장점입니다.

키가 작고 마른 체형

더블브레스트 턱시도는 왜소해 보일 수 있으므로 키가 작고 마른 체형이라면 싱글 턱시도를 추천합니다. 다리가 길어 보이는 효과를 얻을 수 있어요. 바지 같은 경우 키높이 구두를 가린다고 무작정 통을 넓게, 길이를 길게 내리는 것보다 구두 굽보다 살짝 올려서 앞주름이 살짝 가는 정도로 깔끔하게 입는 것이 오히려 다리가 길어 보일 수 있습니다.

싱글 턱시도는 마른 체형을 보완하는 데 최고의 턱시도입니다. 화사한 컬러에 무늬는 너무 과하지 않은 턱시도를 선택합니다. 무거워 보이는 컬러톤은 더 왜소해보일 수 있고 무늬가 과하면 키가 더 작아 보일 수 있습니다.

키가 크고 뚱뚱한 체형

뚱뚱한 체형을 가진 신랑은 일단 더블브레스트 턱시도는 피하는 게 좋습니다. 컬러는 최대한 어두운 톤으로 선택해야 큰 체형이 보완됩니다.

컬러는 다운된 톤으로 무늬가 있는 게 좋다면 잔잔한 무늬로 선택해야 체형이 보완됩니다. 뚱뚱한 체격에 키가 크면 몸이 더 커보일 수 있으므로 화려하고 밝은 톤은 자제하는 게 좋습니다.

키가 작고 뚱뚱한 체형

키가 작고 뚱뚱한 체형은 턱시도 고르기가 제일 힘듭니다. 하나하나 신경 쓰고 더 꼼꼼히 골라야 하지요. 어두운 컬러에 무난한 패턴이 들어간 턱시도가 체형 보완이 될 수 있습니다.

모노톤의 턱시도나 브라운톤 같은 무난한 톤으로 선택하는 게 좋습니다. 간혹 패턴이 있는 턱시도를 선택하고 싶다면 무늬 자체는 화려하지만 티가 잘 안나고 컬러는 회색이나 블랙 같은 무난한 톤을 선택하는 것이 바람직합니다.

{ 신랑의 소품 스타일링 }

소품은 여자만의 전유물이 아닙니다. 신랑의 느낌을 한껏 살려주면서 신부 스타일링의 완성도를 높여주는 것 또한 중요하지요. 신부의 소품과 꼭 맞는 신랑의 소품 스타일링으로 커플 느낌 물씬 풍기는 사진을 완성해보세요.

타이
가장 기본인 타이입니다. 일반 넥타이 스타일과 보타이, 리본타이 등 다양하게 선택할 수 있습니다. 넥타이는 내추럴한 연출과 빈티지 연출에 적합합니다. 넥타이는 깔끔한 슈트 스타일에 심플하고 멋진 분위기를, 체크무늬 슈트나 컬러 슈트에는 빈티지한 분위기를 나타냅니다. 보타이는 클래식한 느낌을 주는데요, 컬러와 스타일에 따라 귀엽거나 로맨틱하거나 빈티지한 장점이 있습니다.

멜빵

귀여운 신랑을 표현해주기에 이만한 것이 없습니다. 발목이 보이는 청바지나 면바지와 남방셔츠, 멜빵 하나면 귀요미 신랑 완성. 여기에 러블리 보타이를 매면 더욱 사랑스러운 연출이 가능합니다.

부토니에

신랑임을 나타내주는 부토니에입니다. 신부의 부케와 세트로 구성할 수 있는 가장 좋은 연출입니다. 부케와 세트인 꽃, 혹은 느낌을 한껏 살린 스타일리시한 부토니에도 많으므로 신랑의 의상에 포인트를 주세요.

페도라

클래식함의 진수인 페도라로 멋진 신랑을 표현할 수 있습니다.
소재의 변형을 통해 자연과 어우러진 내추럴함 혹은 시원한 느낌을 연출해보세요. 자연과 더불어 멋진 사진이 될 거예요.

신발

턱시도에 구두만 어울린다고 생각하는 것은 금물! 턱시도와 운동화, 청바지와 구두 등 언밸런스한 매치는 뜻밖의 발랄함을 연출해줄 수 있습니다. 특히 야외 촬영이라면 딱딱한 구두를 벗고, 모카신이나 운동화 등의 캐주얼한 신발로 좀 더 가볍고 편안한 느낌을 연출해보세요. 여기에 컬러풀한 양말까지 더한다면 완벽하겠죠?

한복에도 스타일링이 필요하다

최근 한복을 테마로 한 웨딩 촬영이 많이 인기죠.

한복 사진 또한 나만의 스타일로 연출해보세요.

뻔한 웨딩사진이 아닌 특별한 한복웨딩을 찍을 때 도움이 되도록

한복 스타일링을 조금 공개할게요.

{ 클래식 한복 }

모든 패션에는 기본이 있습니다. 한복 또한 예외는 아니죠. 선이 아름다운 한복은 가장 기본적인 것이 아름답습니다. 한복의 선과 한옥의 선이 어우러져서 멋을 자아내는 한복 촬영입니다. 세트와 자연스럽게 어우러진 연출이 중요합니다.

{ 궁궐 느낌의 한복 }

드라마에서나 볼 듯한 황복의 연출입니다. 기품 있는 사진 연출이 가능하고, 영화 같은 느낌도 줄 수 있습니다. 스토리를 만들어 사진을 찍는 것도 좋습니다.

{ 개화기 시절 느낌의 개량한복 }

서울이나 군산 등 옛 시절을 떠오르게 하는 장소들이 있습니다. 이런 장소에서는 빈티지 드레스도 예쁘지만, 개화기 시절 느낌의 개량한복으로 로맨틱하고 아련한 분위기를 연출할 수 있어요. 신랑은 양복으로 매치해 더욱 완성도를 높여보세요.

chapter 4. 블링블링 스타일링 따라잡기   220 / 221

chapter 5
셀프웨딩 소품 만들기

셀프웨딩 촬영 시 제일 고민하게 되는 소품. 드레스를 자주 갈아입을 수 없으므로 소품의 활용이 제일 중요합니다! 이번 챕터에서는 셀프웨딩 촬영에 있어 다양한 연출을 도와주는 부케, 코사지, 화관 등 각종 소품을 직접 만들어봅니다. 간단하게 만들 수 있으니, 본인에게 맞는 것을 잘 선택해 활용해보세요.

DIY에 필요한 기본 재료들

기본 재료

- **가위** : 기본 가위와 원단, 철사용 가위 등. 여러 종류의 가위가 필요해요.
- **글루건** : 접착을 위한 도구입니다. 작은 사이즈가 좋아요.
- **철사** : 묶고 연결하기 위한 거예요. 가장 가늘고, 초록색인 것을 추천합니다.
- **테이프** : 기본 스카치 테이프. 부케를 고정하기 위한 거예요.
- **양면테이프** : 고정용. 여러 사이즈가 있으니 구비해두면 편리해요.
- **녹색테이프** : 플라워용 테이프에요. 꽃 고정 및 완성도를 높여 줍니다.
- **레이스** : 여러 가지 레이스는 웨딩 장식에 필요한 재료입니다.
- **리본테이프** : 여러 컬러의 기본 테이프는 부케 및 장식에 필요해요.

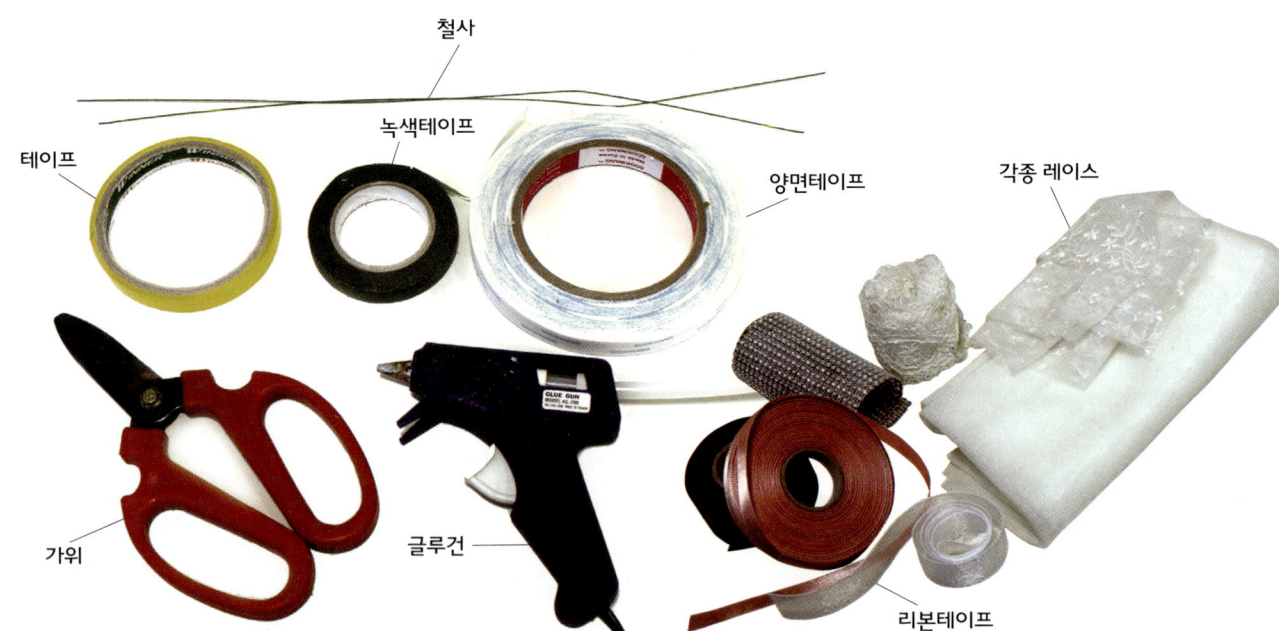

재료는 어디서 구입하나요?

동대문 종합시장 http://www.ddm-mall.com/
다양한 액세서리를 캐주얼한 소품부터 웨딩소품까지 다양하게 구매할 수 있습니다.

- **지하** : 각종 부자재를 판매 (단, 대량판매)
- **1층** : 큐빅 모티브, 깃털, 자수 모티브, 단추 등
- **2층** : 큐빅, 레이스, 튤원단등 판매
- **2~4층** : 각종 원단
- **5층** : 코사지 모티브, 액세서리 부자재, 각종 부자재(핀대, 머리띠 등) 판매

광장시장

청계천 라인을 따라 가다 보면 웨딩전문 소품 가게, 리본과 레이스를 파는 가게들이 있습니다. 남3문 수도직물부 2층은 웨딩 원단(튤, 새틴, 공단 등)과 웨딩레이스 모티브 등이 판매되고, 1층은 부자재가 판매됩니다. DIY 재료를 사기에 적합한 장소입니다.

웨딩전문 소품숍에서도 DIY 재료(프렌치 베일, 헤어캡 부자재, 꽃술 등)를 구입할 수 있습니다. 화이트와 파스텔톤 웨딩소품 부자재를 구입하기에 적당합니다. 단, 모두 도매상이기 때문에 조금 불친절할 수 있습니다. 토요일을 이용하세요.

고속버스터미널상가

http://www.terminalflowermarket.co.kr/
3층 도매꽃시장을 이용합니다. 각종 조화 꽃과 부케 부자재, 리본과 레이스, 그 외 부자재를 구입할 수 있습니다. 부케와 화관, 코사지 재료를 사기에 적합합니다.

DIY

화관 만들기

장미 화관 | 화이트 화관 | 반쪽 화관
핑크장미 부쉬 화관 | 화이트 빅 화관

어떤 의상에 입어도 로맨틱한 분위기를 물씬 풍겨주는 화관!
화관의 여러 종류와 화관 활용법을 참고하세요.
셀프웨딩 촬영 시 멋진 컷을 찍어내길 바랄게요!

장미 화관

소녀 감성 물씬 풍기는 미니 장미 화관입니다. 어떤 방향으로 쓰더라도 청순한 느낌을 표현할 수 있습니다. 야외 실내 상관없이 가능하고 색상 표현도 다양합니다.

준비물 작은 장미다발, 꽃, 나뭇잎, 철사, 글루건

1. 각각의 꽃을 다듬어서 준비한다.
2. 모양이 다른 a와 b를 순서대로 엮어서 철사로 고정한다. 이때 흔들리지 않게 할 것.
3. 사이즈에 맞춰서 동그랗게 말아서 철사를 둘러 고정한다.
4. 빈 사이에 나뭇잎을 글루건을 이용해 붙인다.
5. 줄기가 시작되는 부위에 작은 꽃을 글루건을 이용해 붙여서 마무리!

화이트 화관

소박하고 청순한 느낌의 화이트 화관입니다.
하늘하늘 시폰 드레스나 실크 드레스에 어울려요.
두 가지 방향으로 머리에 쓸 수 있는데,
방향에 따라 각각의 다른 느낌이
연출됩니다.

준비물 줄기, 흰 꽃, 철사, 글루건

1. 작은 줄기를 일정한 사이즈로 다듬는다.
2. 일정 간격으로 연결해 모양을 잡는다.
3. 모양대로 철사로 잘 묶는다.
4. 지점을 나누어 작은 꽃을 글루건이나 철사를 이용해 고정한다.

반쪽 화관

독특한 느낌을 연출하는 반쪽짜리 화관입니다.
둥근 화관이 아닌 머리 옆에 고정하는 것이라서
고정 위치에 따라 색다른 느낌을 줄 수 있습니다.

준비물 조화, 꽃대, 글루건, 판대

1. 꽃대를 땋듯이 엮어서 철사로 고정하는 방법으로 지지대를 만든다.
2. 꽃을 지지대에 배치한 후 차례로 글루건으로 고정한다.
   순서는 그림과 같지 않아도 된다. 짧거나 길게 취향대로 만들 수 있다.
3. 뒤에 핀이 잘 고정되게 붙인다.

핑크장미 부쉬 화관

크고 아름다운 핑크장미 부쉬 화관은
불규칙적인 배열로 독특하고 신비로운 느낌을
연출합니다. 꽃이 크므로 독특하기도 하고
얼굴도 작아 보이는 효과가 있습니다.

준비물 장미 부쉬다발, 철사, 미니장미 다발, 나뭇잎

1. 메인 꽃들을 배치하여 길게 놓는다.
2. 순서대로 철사로 잘 감아서 묶는다.
3. 군데군데 작은 꽃과 잎으로 밸런스를 맞춘다.
4. 리본으로 묶어 마무리한다.

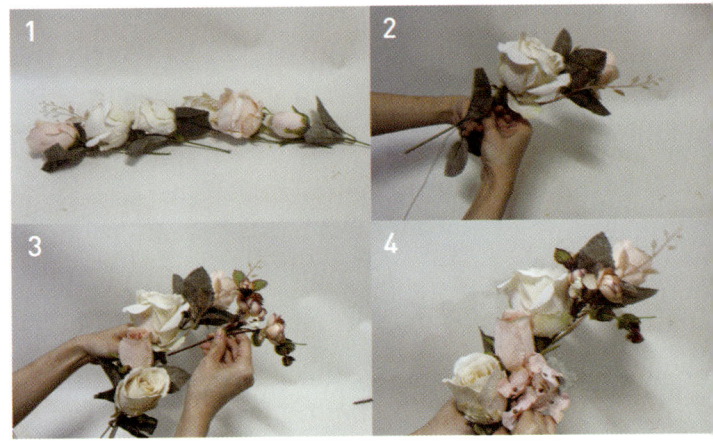

화이트 빅 화관

화보에 나올 법한 큰 꽃으로 만든 화이트 화관은 불규칙적인 배열과 일자로 만든 화관의 특성상 어떤 형태로든 연출이 가능합니다.

준비물 하얀 꽃, 나뭇잎, 작은 열매,

1. 꽃을 모양을 잡아 배치한다. 자연스러운 연출을 위해 느슨하게 철사로 묶는다.
2. 작은 열매와 잎들을 중간 중간 배치한다.
3. 라인을 보면서 철사로 고정한다.
4. 녹색 테이프로 철사가 안 보이도록 잘 감싸면 자유자재로 연출이 되는 화관 완성!

DIY
헤어장식 만들기

포인트 머리띠 | 8자 빈티지 머리띠 | 핑크리본 머리띠
진주 헤어밴드 | 모티브 헤어밴드 | 블루조화 코사지
리본 코사지 | 기본 꽃코사지
풍성한 꽃코사지 | 엣지 꽃코사지

웨딩촬영을 앞두고 신부들이 하는 고민 중 하나는 바로 헤어스타일입니다.
과연 혼자서 다른 신부들처럼 할 수 있을까, 촬영 도중에 헤어스타일에
변화를 줄 수 있을까 하는 것이지요. 이런 아마추어 실력을 커버하기 위해선
헤어 장식만큼 중요한 것이 없습니다. 여러 가지 헤어스타일의 변형을
도와주는 것은 물론이고, 얼굴의 이미지도 달라 보이니까요.
웨딩 헤어장식으로 많이 쓰이는 머리띠와 코사지 만드는 법을
알아봅니다. 다양한 헤어 스타일을 연출해보세요.

포인트 머리띠

하나의 모티브를 포인트로 해서 로맨틱한 느낌을
물씬 살려주는 머리띠입니다. 포인트의 느낌에 따라
푼 머리뿐만 아니라, 업스타일에도 어울립니다.
모티브에 따라 여러 가지 느낌을 연출할 수 있습니다.

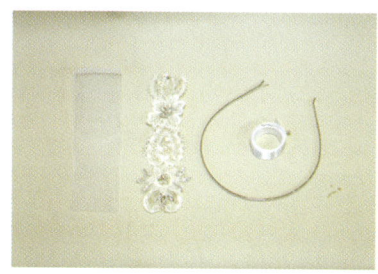

준비물 모티브, 리본망, 머리띠 틀, 리본

1. 머리띠 틀에 양면테이프를 붙인 후 리본을 촘촘히 감는다.
2. 드레스 부자재로 쓰이는 비즈 레이스와 빳빳한 망을 원하는 사이즈로 잘라 서로 맞붙인다.
3. 글루건을 이용해 2의 비즈 레이스를 머리띠 적당한 위치에 붙인다.
4. 마감 띠를 만들어 머리띠틀 양 끝을 글루건으로 깨끗하게 마감한다.

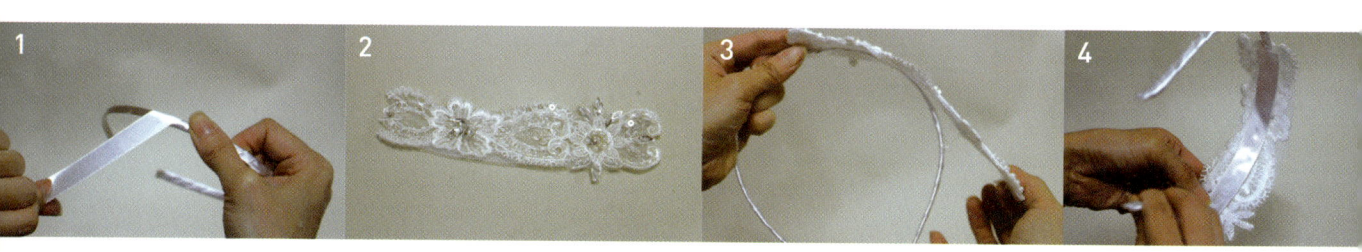

8자 빈티지 머리띠

손쉽게 업스타일을 도와주는 빈티지 헤어밴드
업스타일 헤어에 살짝 두르면 됩니다.
머리띠로 쓸 수도 있고 여신 느낌의
업스타일 연출에도 활용할 수 있습니다.
레이스 등의 모티브에 따라
다양한 느낌을 연출할 수 있습니다.

준비물 8자 고무줄, 레이스 등 모티브

1. 레이스나 모티브를 왼쪽 귀 뒤 가운데에서 오른쪽 귀 뒤 가운데 정도의 길이로 자른 후 팔자 밴드에 감아서 꿰맨다. (글루건으로 붙여도 된다.)
2. 꼬이지 않게 반대편도 마무리한다.

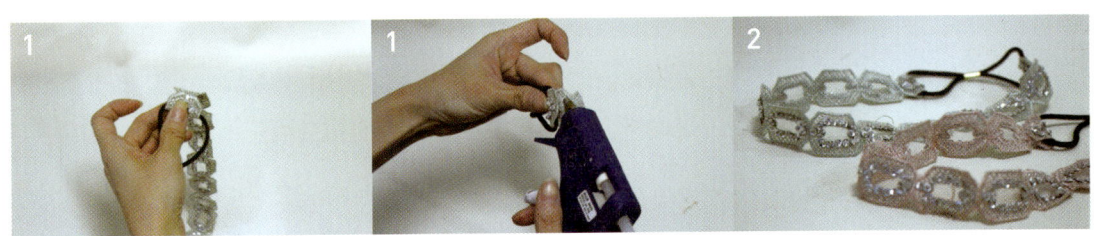

핑크리본 머리띠

머리띠를 만드는 방법은 비슷합니다. 원단이나 레이스 등의 변화를 주면 다양한 스타일을 만들 수 있지요. 이번에는 핫핑크 원단을 이용해서 머리띠를 만들어보겠습니다.

준비물 원단(면, 시폰, 공단 등 다양하게 가능), 머리띠 틀

---

1. 머리띠 틀에 양면테이프를 붙인다.
2. 천으로 머리띠 틀을 촘촘히 감는다.
3. 천으로 리본을 만들어 2의 머리띠에 글루건으로 붙인다.

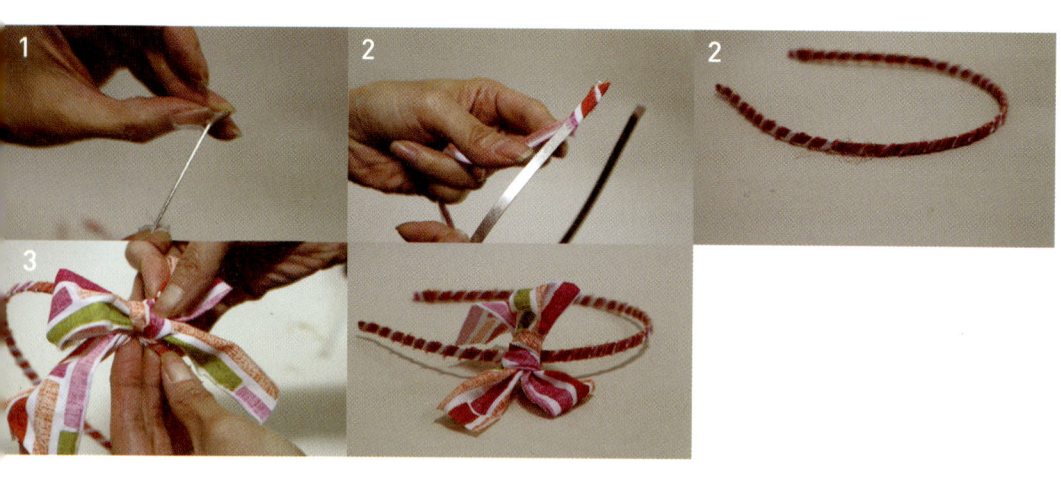

진주 헤어밴드

만들기 쉽고 청순한 느낌이 돋보이는 진주 머리띠입니다. 웨이브진 긴 머리에 청순한 느낌으로 연출이 가능합니다. 화려하지 않지만 예쁜 스타일이 연출됩니다.

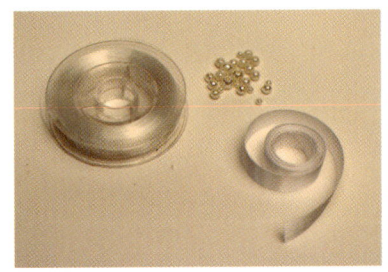

준비물 진주알 사이즈 2가지 이상, 낚시줄, 글루건, 리본

1. 37cm 길이의 낚시줄을 5개 준비한다.
2. 나란히 놓은 낚시줄의 한쪽 면을 새틴리본과 글루로 붙인다.
3. 낚시줄 한 줄에 5~7개 가량의 진주를 원하는 곳에 고정한다. (글루를 살짝 바른 후 진주를 밀어 넣으면서 고정하면 된다. 이때 각각의 위치를 잘 보면서 할 것)
4. 남은 한쪽도 마찬가지로 새틴리본과 글루로 마감한다.

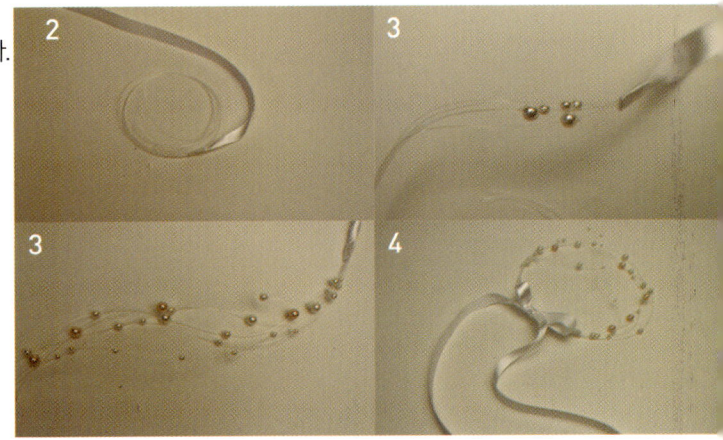

모티브 헤어밴드

빳빳한 리본망을 이용하여 청순하고 사랑스러운 느낌을 만들어봅니다. 모티브의 종류에 따라 다양한 연출이 가능합니다.

준비물 리본망, 새틴리본, 모티브, 글루건

1. 리본망을 30cm 길이로 자른다.
2. 리본망의 양쪽 끝을 새틴리본으로 마감한다.
3. 리본망 위에 모티브를 위치를 정해 붙인다.

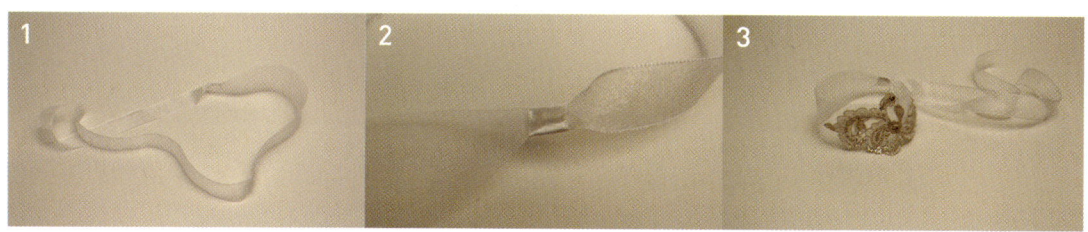

블루조화 코사지

꽃으로 만든 코사지는 여성스러움이 물씬 풍기게 해주죠. 크기를 다양하게 조절할 수 있으므로 포인트 장식 역할을 톡톡히 할 거예요.

준비물 다양한 느낌의 블루 꽃, 열매, 수국, 글루건, 핀

1. 꽃들의 머리만 남기고 다듬는다. 작은 꽃들은 길이 조절을 위해 조금 길게 남긴다.
2. 큰 나뭇잎 위에 위치를 잡아서 임의로 배열한다.
3. 배열한 꽃들을 글루로 고정시킨다.
4. 뒷면에 핀을 붙이고 마감한다. 완성!

리본 코사지

큐트한 느낌을 연출해주는 리본 모양 코사지. 웨이브 스타일과 업스타일 헤어에 잘 어울리는 아이템입니다.

준비물 빳빳한 리본망, 튤 원단, 노방, 깃털, 핀, 리본

1. 리본망을 12~15cm, 8~10cm 정도 길이로 각각 잘라서 가운데로 모아 마감한 후 겹쳐 붙인다.
2. 사각형 튤 원단은 주름을 잡아 리본 모양을 만들어 1번 위에 붙이는데 조금 비틀어서 붙이면 좋다.
3. 노방을 지름 7cm 정도로 동그랗게 잘라 두 번 접어서 모양을 내서 붙인다. (4개 정도)
4. 사이사이 깃털로 장식한다.
5. 뒷면에 핀을 붙이고 마감한다. 완성!

기본 꽃코사지

아주 기본이 되는 원단으로 만든 코사지.
공단이나 오간자, 화이트 핑크 블루 등의 여러
원단으로 만들 수 있으며, 원단의 소재와 장식
효과에 따라 다양한 느낌을 연출해줍니다.
헤어 코사지뿐만 아니라 신랑의 부토니아,
신부의 슈즈 장식 등으로 다양하게
연출할 수 있습니다.

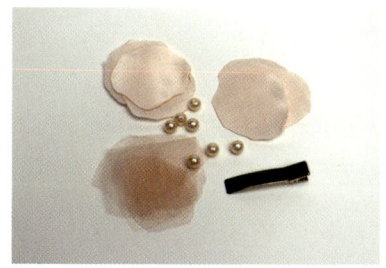

준비물 원단(공단이나 오간자 등),
장식물(반짝이 단추, 레이스, 튤 등), 알코올램프, 실, 바늘, 핀대

방법1

1. 원단을 지름 3~7cm로 두세 가지 크기로 원형 또는 하트 꽃잎 모양으로 자른다.(가장 큰 원형 6장, 중간 크기 4~5장, 작은 크기 3~4장)
2. 자른 원단을 알코올램프로 가장자리를 그을려 마무리한다.
3. 같은 사이즈의 꽃잎끼리 3분의 1가량 겹쳐가며 순서대로 홈질로 꿰맨다. 이때 첫 장과 마지막 꽃잎을 연결하며 홈질은 듬성듬성하게 한다.
4. 각각의 꽃잎을 주름을 잡아 글루로 고정한 후 꽃잎끼리 겹쳐가며 마찬가지로 글루로 붙인다.
5. 꽃들을 겹쳐서 꿰맨 후 깃털이나 반짝이 원단 등의 장식품으로 가운데를 마감한 다음 핀대를 붙여 완성한다.

방법2

1. 원단을 지름 3~7cm로 두세 가지 크기로 원형 또는 하트 꽃잎 모양으로 자른다.(가장 큰 원형 6장, 중간 크기 4~5장, 작은 크기 3~4장)
2. 자른 원단을 알코올램프로 가장자리를 그을려 마무리한다.
3. 꽃잎끼리 겹쳐가며 글루로 붙인다.
4. 구슬이나 반짝이 원단 등의 장식품으로 가운데를 마감한 다음 핀대를 붙여 완성한다.

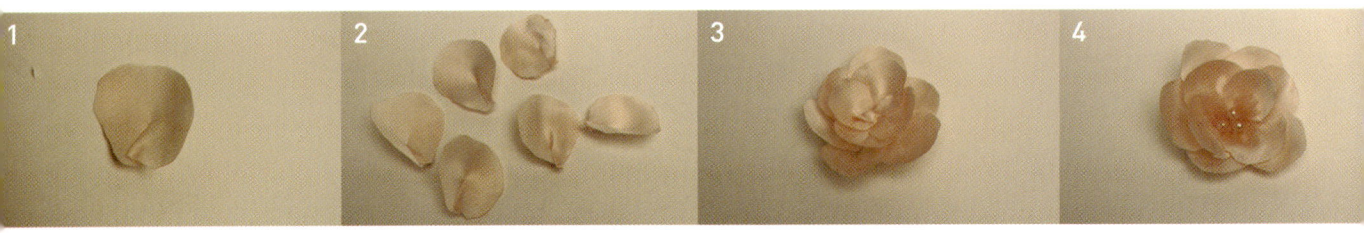

풍성한 꽃코사지

하늘하늘한 느낌의 꽃 코사지를 만들어봅니다.
원단의 종류, 장식의 종류에 따라 다양한 느낌을
연출할 수 있습니다.

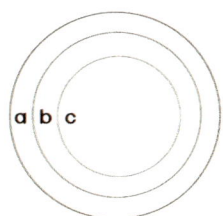
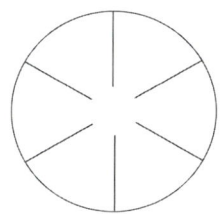

준비물 원단(지지미, 시폰, 공단 등 다양하게 가능), 알코올램프, 가위, 실 바늘, 글루건, 핀대

1. 각각 세 종류 크기의 원 모양으로 원단을 각 2~3장씩 자르고 가위집을 위의 그림대로 낸다
2. 알코올램프로 가위집을 꽃잎 모양으로 마감한다.
3. 각 꽃잎을 크기대로 올린 후 바느질한다. 이때 마지막에 살짝 구겨진 듯이 꿰매는 것이 포인트.
4. 모양을 잡은 후 비즈나 깃털 등으로 장식한 후 핀대를 붙여 마무리.
   두 개 이상을 연결해서 풍성한 꽃을 만들어도 좋다.

엣지 꽃코사지

강렬한 느낌의 엣지 있는 조화 코사지입니다.
꽃의 종류에 따라 다양한 표현이 가능합니다.

준비물 조화, 글루건, 핀대, 리본

1. 조화의 꽃대를 자르고 글루건으로 떨어지지 않게 고정한다.
2. 리본으로 마감을 해준다.
3. 각 꽃잎을 펼쳐서 모양을 잡아준다.
4. 핀대를 붙여 마무리한다.

DIY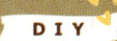

부케 만들기

볼 부케 | 장미 부쉬 부케 | 엣지 부케 | 털실 부케
블루 빈티지 부케 | 핑크 부케 | 초간단 부케

웨딩의 상징 부케. 흰 원피스에 부케만 들고 있어도 신부가
연상될 정도로 부케는 웨딩의 꽃입니다. 그런데 부케의 컬러와
웨딩 스타일이 콘셉트를 좌우한다는 사실 아시나요?
꽃으로 만든 것부터 빈티지한 장식으로 만드는 것,
패브릭으로 만드는 것… 아직 우리나라 본식에서는 쓰지 않는
독특한 부케도 촬영을 할 때는 재미있게 활용할 수 있어요.
조화나 장식으로 만든 부케는 신혼집 인테리어
연출에도 효과만점이랍니다.

볼 부케

러블리함이 돋보이는 로맨틱한 부케입니다. 발랄하고 독특한 부케를 원한다면 넝쿨볼에 꽃으로 장식한 볼부케는 어떨까요?

준비물 넝쿨로 엮인 볼, 조화, 리본, 철사, 글루건.

---

1. 볼의 센터를 잡아 리본으로 표시해놓는다.
2. 원하는 느낌으로 꽃을 사방으로 잘 배치하면서 철사로 고정한다.
3. 가운데 리본 장식으로 마무리.

장미 부쉬 부케

럭셔리하고 클래식한 느낌의 장미 부쉬 부케입니다.
어느 곳에서 들어도 멋스러운 느낌이 연출됩니다.

준비물 장미 부쉬, 철사, 핑크 색상의 튤, 글루건

1. 장미 부쉬를 길이를 맞춰서 자르고 다듬는다.
2. 원하는 느낌으로 잘 배치해서 한 방향으로 사선으로 끼우듯이 배열한 후 철사로 고정한다.
3. 핑크색 튤로 리본장식 후 마무리.

엣지 부케

단순하지만 엣지 있는 부케를 만드는 방법 중 하나는 한 가지 종류의 꽃으로 부케를 만드는 것인데요. 꽃의 종류와 크기, 꽃의 양에 따라 다양한 연출이 가능합니다. 가장 단순하지만 아주 매력적인 부케가 완성됩니다.

준비물 꽃(튤립이나 장미 등 화려한 꽃 여러 송이를 준비하거나 작은 꽃을 풍성하게 준비), 리본테이프

1. 너무 많은 경우 지저분해 보일 수 있으므로 꽃과 나뭇잎을 다듬는다.
2. 같은 길이로 배열 혹은 꽃다발 형태로 배열한 후 스카치테이프로 감싼다.
3. 양면테이프를 이용하여 리본으로 줄기를 감싼다. (영자 신문으로 감싸거나 철사로 느슨하게 묶어 손대지 않은 느낌을 강조할 수도 있다.)
4. 리본 테이프로 리본을 만들어 글루건으로 3의 꽃다발에 붙인다.

털실 부케

겨울의 느낌에 걸맞는 털실 부케로 따뜻한 겨울 셀프웨딩 촬영을 해보는 건 어떨까요?

준비물 여러 가지 컬러와 질감의 털실, 여러 가지 크기의 원형 스티로폼, 혹은 털실이 감겨진 스티로폼(시중에 판매), 굵은 철사, 부케 틀과 원형 스티로폼

1. 원형 스티로폼에 털실을 모양을 내 감은 후 고정한다.
2. 부케 틀에 오아시스를 제거한 후 스티로폼을 넣고 글루건으로 고정한다.
   (삼각뿔 모양의 스티로폼도 가능하다.)
3. 털실 볼에 철사를 끼워 넣어 고정한다.
4. 길이를 맞춰가면서 부케 틀에 철사를 꽂아서 고정한다.
5. 부케 틀에 레이스를 감은 후 리본으로 마무리한다.

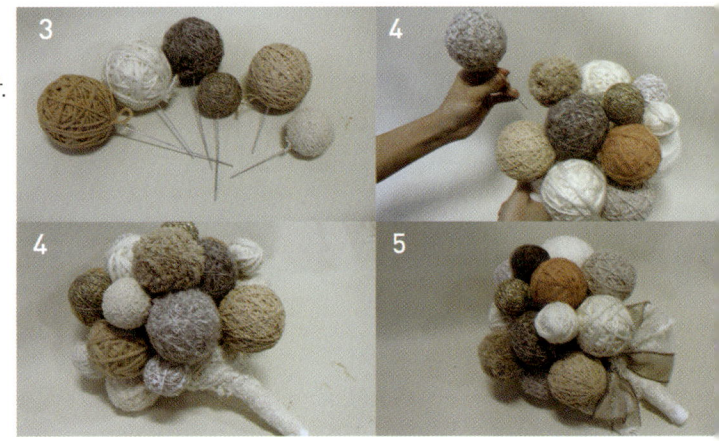

블루 빈티지 부케

빈티지한 느낌이 물씬 풍기는 블루 부케입니다. 블루로 콘셉트를 잡았다면 블루 빈티지 부케는 어떨까요? 아련한 이야기가 있는 듯한 빈티지 부케 만들기를 소개합니다.

준비물 빈티지 블루 색상의 꽃, 부쉬, 포인트 색상의 열매 등 다양한 꽃

1. 각각의 꽃들을 길이를 맞춰서 잘 다듬는다.
2. 원하는 느낌으로 잘 배치해서 한 방향으로 사선으로 끼우듯이 모양을 만든 후 철사나 테이프로 고정한다.
3. 작은 열매들을 중간중간 장식해 지그재그로 끼워준다.
4. 리본으로 마무리한다.

핑크 부케

사랑스럽기도 하고 선명하기도 한 핑크색의 부케입니다. 여러 가지 꽃의 조합으로 생기있는 느낌을 연출할 수 있습니다.

준비물 핑크색 수국, 핑크와 핫핑크 색상의 꽃, 포인트 색상의 열매 등 다양한 꽃

1. 각각의 꽃들을 길이를 맞춰서 잘 다듬는다.
2. 수국을 가운데 배치하고 기본 메인 꽃들을 배열한다.
3. 작은 꽃들을 수국 중간중간에 끼우듯이 밸런스를 맞춰서 끼워 넣은 후 테이프로 고정한다.
4. 리본으로 마무리한다.

초간단 부케

고급스러운 부케를 손쉽게 만들 수 있는 팁입니다.
조화를 활용하더라도 값싸 보이는 뻔한 부케에서
벗어나 쉽지만 고급스러운 나만의 부케를 만들어보세요.

준비물 여러 가지 꽃을 다발로 묶음 판매하는 꽃(금액은 조금 비쌀 수 있음)

각각 다른 종류로 2다발, 수국 1송이

---

1. 수국의 나뭇잎을 반 정도 다듬는다.
2. 묶인 두 다발의 꽃과 수국을 함께 같은 길이로 잡아 모양을 만든다.
   이때 나뭇잎과 꽃의 색상에 따라 돌려가면서 조화를 살피는 것이 중요하다.
3. 테이프로 고정 후 리본으로 마무리한다.

DIY

보타이와 부토니에 만들기

기본 보타이 | 변형 보타이 | 빈티지 부토니에
깃털 부토니에 | 작은 장미 부토니에 | 꽃 부토니에
단추로 장식한 원단 부토니에 | 내추럴 보타이
오가닉 보타이 | 핑크통 보타이

웨딩 촬영에 있어 신랑을 꾸며줄 수 있는 소품은 많지 않습니다. 특히나 신랑의 의상은 평상시의 양복에서 크게 벗어나지 않기 때문에 더더욱 특별함을 뽐내기가 힘이 드는데요. 그렇기 때문에 보타이와 부토니에는 신부의 부케와 함께 웨딩 콘셉트를 드러내는 데 아주 적합한 소품이라 할 수 있습니다. 보타이는 만찬이나 파티, 공식 리셉션 등 특별한 장소에서 슈트나 연미복과 함께 목에 착용하는 의상 소품을 말하고, 부토니에는 가슴에 착용하는 것을 말합니다. 자, 이제 신랑을 위해 작은 선물을 준비해보세요.

기본 보타이

색상이나 무늬에 따라서 다양한 연출이 가능하며
초간단으로 만들기 쉬운 기본 보타이입니다.

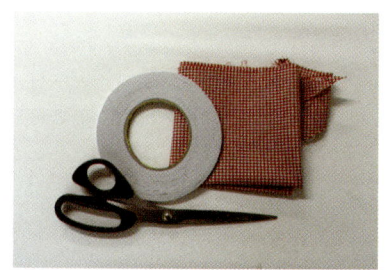

준비물 원단, 양면 테이프, 가위

1. 원단을 준비한다.
   (사이즈 : 23x11cm 2장, 3x10cm 1장)
2. 사진과 같이 접은 후 다림질한다.
   양면테이프나 다림질로 고정한다.
3. 매듭 원단도 양옆을 다림질하여
   만든다.
4. 두 장을 겹친 후 띠로 감아
   마감하면 완성.

변형 보타이

기본 보타이를 조금 변형하여 고급스럽게 만들어 봅니다.

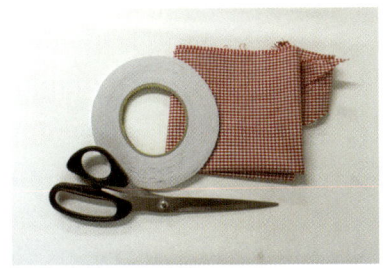

준비물 원단, 양면테이프, 가위

---

1. 원단을 준비한다.(사이즈 : 22x10cm 2장, 10x6cm 1장)
2. 두 장을 모두 양옆을 다림질하여 붙인다.
3. 한 장은 가운데로 모아 다림질, 다른 한 장은 삼각형으로 마무리한다.
4. 작은 천은 양 옆을 접어 다림질한 후 뒤집어서 겹쳐서 붙인다.
5. 주름을 잡아 매듭으로 마무리하면 완성.

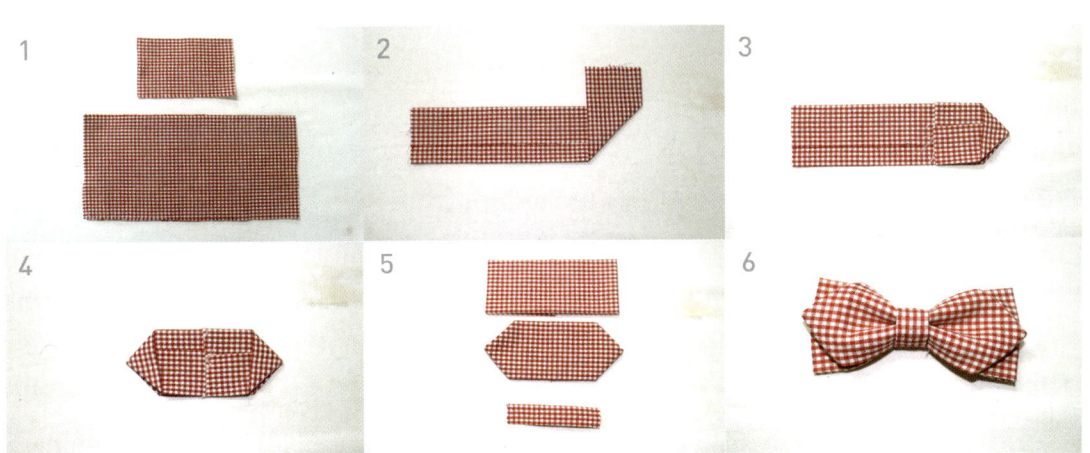

빈티지 부토니에

멋스럽고 자유스러운 숲속의 웨딩에 잘 어울리는 빈티지 소품입니다.

준비물 삼베원단, 핀대, 노끈, 깃털 2~3가지 종류, 단추 여러 종류, 면리본, 글루건, 두꺼운 종이

---

1. 두꺼운 종이에 나뭇잎 모양을 두 가지 크기로 그린 후 자른다(길이는 손가락 길이만큼).
2. 나뭇잎에 원단을 양면으로 붙이고 겹쳐서 고정한다.
3. 6~7cm 정도의 막대를 3cm 가량이 밖으로 나오게 붙인다.
4. 깃털을 긴 것을 왼쪽을 향하게 붙인 후 진한색과 연한색을 레이어드해서 붙인다.
5. 단추를 잘 배치하며 글루로 붙인다.
6. 리본을 만들어서 깃털과 손잡이 사이에 붙인다.
7. 고정핀을 붙이면 완성.

깃털 부토니에

심플하면서도 포인트를 줄 수 있는 느낌의 부토니에입니다. 컬러 의상에 맞춰 다양하게 연출이 가능합니다.

준비물 깃털, 빈티지 단추(혹은 모티브 등), 부토니에 핀, 글루건

---

1. 깃털을 2~3가닥 잘 다듬어서 붙이고 단추 혹은 모티브로 마감한다.
   (이때 단추의 바늘구멍을 제거한다.)
2. 부토니에 핀을 반대편에 글루건으로 고정하면 완성.

작은 장미 부토니에

장미 화관과 맞춤인 장미 모양 부토니에.
사랑스럽고 달콤함 느낌의 부토니에로 로맨틱을
표현해보세요.

준비물 작은 장미 다발, 꽃, 나뭇잎, 줄기 6cm, 핀대, 글루건

1. 나뭇잎으로 모양을 잡아서 줄기를 붙여서 기본 틀을 만든 후 노끈을 감아 핀대를 완성한다.
2. 꽃과 나뭇잎을 배치하여 모양을 만들어 글루건으로 붙인다.
3. 완성된 모양에 나뭇잎으로 마무리 후
   뒤에 핀대를 붙여 완성.

꽃 부토니에

가장 기본이 되는 부토니에입니다. 신부의 부케 화관과 맞춤으로 만들어서 사용하면 더욱 좋습니다. 여러 가지 꽃과 소재로 다양하게 응용이 가능합니다.

준비물 꽃, 열매, 작은 꽃잎 등 꽃대, 노끈, 글루건, 핀대

---

1. 꽃대에 잎사귀를 붙인 후 노끈을 감아 기본틀을 완성한다.
2. 꽃과 열매, 잎, 줄기 등을 매치해서 붙인다.
3. 노끈이나 리본을 만들어서 붙이고 뒤에 핀대를 붙여 완성.

단추로 장식한 원단 부토니에

원단으로 만든 초간단 부토니에입니다.
원단의 느낌과 포인트에 따라 다양한
연출이 가능합니다.

준비물 원단, 단추, 깃털, 부토니에 핀, 글루건

---

1. 원단을 길이 20cm 가량, 폭 1.2~2cm 가량으로 자른다.
   이때 면 또는 린넨인 경우 실밥을 살려서 찢으면 더욱 예쁘다.
2. 홈질로 바느질한 후 당긴다.
3. 깃털을 붙이고 단추를 붙인다.
4. 부토니에 핀에 고정하면 완성.

내추럴 보타이

내추럴하면서 고급스러운 연출이 가능한 보타이입니다. 원단 느낌에 따라 빈티지에서부터 클래식까지 모두 표현이 가능합니다.

준비물 원단(린넨, 공단, 벨벳 등), 실, 바늘, 쵸크

1. 원단을 13cm×35cm, 5cm×9cm 각 한 장씩 준비한다.
2. 큰 원단을 뒤집어서 반으로 접은 후, 쵸크(연필 가능)로 시접 부분을 표시하고 박음질이나 홈질로 바느질한다. 이때 마지막 한 면은 바느질을 하지 않는다.
3. 뚫린 곳으로 뒤집어서 다림질 한 후 공그르기로 마감한다.
4. 작은 원단은 한 면만 바느질한 후 뒤집어서 다림질한다.
5. 긴 원단을 지그재그로 두 번 접은 후, 가운데 부분이 움푹 들어가게 주름을 잡는다.
6. 매듭 원단으로 감싼 후 바느질로 마감한다.

오가닉 보타이

삼베 원단을 이용해 내추럴하고 친환경적인 이미지를 표현한 보타이입니다.

준비물 삼베 원단, 가위, 리본 테이프, 실, 바늘

1. 원단을 각각 자른다.(사이즈 : 12x25cm, 3x9cm)
2. 외관 사이즈 5.5x25cm, 1.5x9cm로 접는다.
3. 양 옆을 접어(외관 11cm) 주름을 잡는다.
4. 매듭 원단으로 감아 바느질 혹은 글루건으로 고정하여 완성한다.
   사이드에 리본 등으로 장식 포인트를 줄 수 있다.

핑크통 보타이

원단의 느낌을 살린 통통하고 귀여운 무늬의
보타이가 탄생했습니다.
사랑스러움과 로맨틱함을 동시에 연출해 보세요.

준비물 원단, 실, 바늘, 솜

1. 사각천을 반으로 접어 바느질한다. (13x7cm) 이때, 3cm 가량을 남겨놓는다.
2. 남겨놓은 부분으로 뒤집어서 다림질한 후 솜을 넣는다.
3. 뚫려있는 부분을 공그르기로 막아 마감한다.
4. 매듭 원단을 접어 다림질한 후 주름을 잡은 타이에 감아 바느질하면 완성.

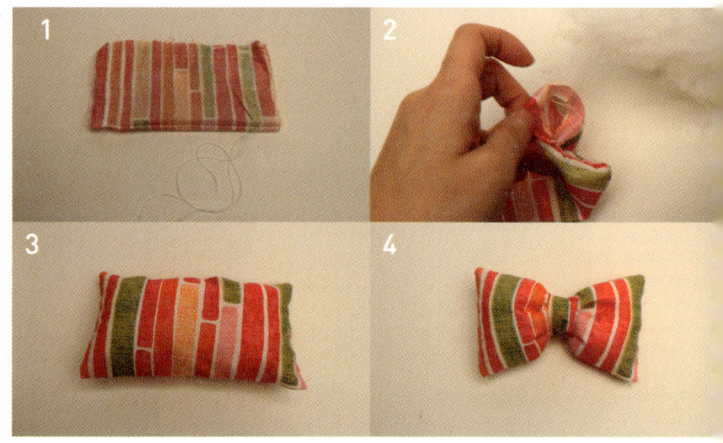

셀프웨딩을 더욱 의미있게
만들어주는 여러 가지 소품들

이밖에 셀프웨딩 촬영을 빛내주는 소품이나 리얼웨딩 때 없으면 아쉬운 소품들이 여러 가지 있습니다. 방명록이라던가 답례품이라던가 링필로우 등이 그것이지요. 이번에는 셀프웨딩을 더욱 의미있게 만들어주는 소소한 소품들에 대해 소개합니다. 지면 관계상 세세하게 만드는 방법을 소개하지는 못해도, 〈잇셀프〉 카페에서 셀프웨딩 DIY 강좌를 통해 자주 선보일 예정이니 궁금한 것이 있으면 언제든 방문해주세요.

방명록

예식장의 포토테이블에 장식해 덕담을 나눌 수 있는 방명록입니다. 완성 후 집안의 장식으로도 가능하고 추억이 될 수 있는 소품이랍니다.

우드 방명록

준비물 나무판자, 종이테이프, 페인트(아크릴 물감 가능), 바니쉬(생략 가능), 블랙 펜

1. 나무판자에 테이프로 나무 모양으로 잘라 붙인다. (데코 스티커, 다른 모양도 가능)
2. 그 위에 화이트 페인트를 칠한 후 말리고, 무광 바니시를 칠해준다.
3. 다 마르면 테이프를 떼고 아래 부분에 이니셜을 새기면 완성!

캔버스 방명록

준비물 캔버스 액자, 연필 (내지는 먹지), 디자인 원본, 펜

1. 캔버스 액자 위에 먹지를 깔고 디자인 원본을 대고 그린다. (그냥 연필로 그려도 된다.)
2. 펜으로 먹지 부분을 덧칠한다.
3. 아래 부분에 이니셜을 새기면 완성

우드이니셜

포토테이블 장식용으로 이니셜을 만들어봅니다. 콘셉트에 맞는 컬러로 통일감을 줄 수 있습니다. 포토테이블 데코로 사용한 후에는 집안의 장식품으로 활용해보세요.

준비물 이니셜 우드, 수성 아크릴 물감, 붓

---

1. 이니셜 우드에 베이스 컬러를 칠한다.
2. 베이스가 마르면, 스탠실, 라인, 그림 등을 이용하여 장식을 해준다.
스탠실– 필름지에 그림을 그린 후 칼로 파서 틀을 만들고, 스탠실 붓에 물감을 묻혀 톡톡 찍 듯이 색칠
도트 – 도트용 붓 혹은 이쑤시개 등으로 물감을 찍어서 이니셜에 찍는다.
라인 – 연필로 살짝 라인을 그린 후 물감으로 메꾼다.
그 외 붓으로 그림을 연출할 수 있다.

답례품

소규모 웨딩에서는 기억에 오래 남기위해 답례품을 드리곤 하는데요,
직접 제작해서 선물한다면 여러모로 뜻 깊은 추억이 되지 않을까요?

화분 또는 다육이

준비물 허브 또는 다육이(양재 꽃시장 추천), 화분 포장 용지, 리본 등.

1. 크래프트지를 정사각형으로 잘라 가운데 놓고 감싼 후 리본으로 묶는다.
2. 화분 포장용 페이퍼를 사각형으로 자른 후 화분에 돌린 후 리본 혹은 단추 등으로 마감
3. 양면테이프로 화분을 감은 후 레이스 리본으로 감싸 묶는다.
4. 그 외 여러 가지 방법으로 포장한 후 답례품으로 사용한다.

양초

직접 만든 양초로 신부의 감사의 인사를 전한다면 그보다 짙은 감동은 없을 거예요.

링필로우

결혼식의 반지 교환식에서 빠질 수 없는 것이 바로 링필로우입니다.
직접 만든 링필로우로 셀프웨딩의 묘미를 맛보시고 추억도 남겨주세요.

쿠션 링필로우

1. 꽃코사지 중 하나를 만든다. (이때 글루건 사용 금지. 가운데 꽃심을 넣지 않는다.)
2. 쿠션 위에 꽃을 달고 리본으로 마무리하면 완성

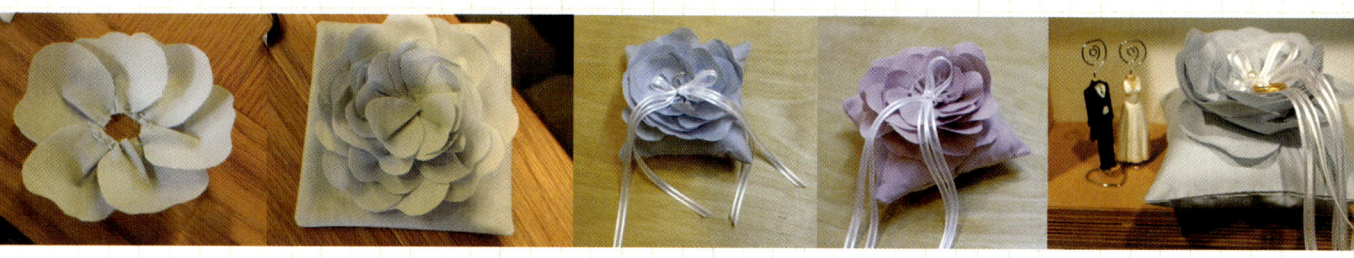

플라워 링필로우

1. 작은 쿠션 혹은 작은 상자를 만든다.
2. 상자에 리본을 묶어서 기본틀을 만든다.
3. 꽃을 배치한 후 글루로 고정한다.

압화 예단편지

예비 시부모님께 드리는 예단. 요즘은 생략하는 경우가 많습니다.
하지만 정성이 가득한 편지로 시부모의 사랑을 받아보세요.

준비물 여러 가지 압화, 한지, 목공풀, 핀셋, 접착한지, 레진, 궁서체로 뽑은 편지

1. 한지를 고른 후 원하시는 시안대로 꽃을 배치한다.
2. 두 번째 목공풀로 꽃을 한지에 붙인다.
    (이때 삼각뿔 모양으로 비닐을 만들어서 쏘면 섬세하게 붙일 수 있다.)
3. 코팅 한지를 사이즈에 맞게 오린 후 다림질해서 접착한다.
4. 꽃 부분에 레진을 소량 짠 후 손가락으로 문지르면서 코팅해주면 편지 완성.
5. 인쇄된 편지를 아래에 대고 정성스럽게 글을 쓴다.

플라워박스

선물포장으로 안성맞춤한 플라워박스입니다. 결혼을 앞두고, 혹은 결혼식 후에는 많은 인사가 기다리고 있지요. 단순한 선물이 아닌 정성 가득한 플라워박스로 감사의 마음을 전하세요.

준비물 선물, 선물박스, 각종 플라워 , 오아시스

―――――

1. 선물박스에 선물의 크기를 뺀 나머지만큼 오아시스를 잘라 넣는다.
2. 오아시스에 꽃을 꽂아서 장식한다.
3. 박스에 리본테이프또는 꽃으로 장식하면 아름다운 플라워박스 완성!

커플링

허례허식을 줄여가는 웨딩 추세에 맞춰 예물도 단출해지고 있는데요. 끼지도 않는 다이아반지나 거품 가득한 금반지가 아닌 심플하고 캐주얼한 은커플링을 직접 만들기도 하네요. 단순히 이니셜만 넣는 커플링이 아닌 직접 제작하는 커플링입니다.

1. 왁스를 손가락 크기에 맞게 기본 틀을 만든다.
2. 원하는 반지 두께를 정해 표시하고 줄톱으로 자른다.
3. 편편하게 잘 샌딩한 후 원하는 모양을 그리고 여러 가지 기구로 다듬는다.
4. 일주일 후 반지가 나오면 섬세하게 다시 가공하면 완성.

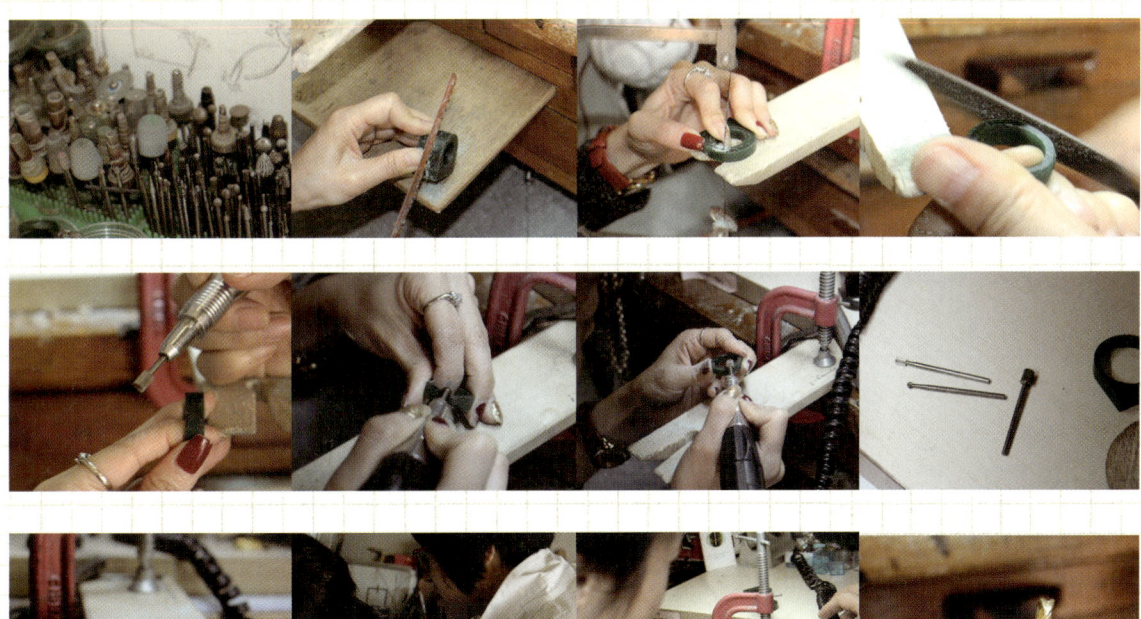

셀프축가

식장에서 남들이 불러주는 축가만 들어보았지, 셀프축가가 있는 줄 몰랐네요. 재미있는 영상과 신랑신부가 부르는 축가. 하객들이 두고두고 얘기할 만큼 뜻 깊은 결혼식의 이벤트가 아닐까요! 셀프축가는 신랑신부 둘이서도 혹은 깜짝 프로포즈 이벤트로도 많이 이용한다고 하네요!

Thanks to

우선 저를 찾아내어 책이라는 거대한 숙제를 주신 초록비공방 윤주용 대표님,
이렇게 책을 낼 수 있는 바탕을 갖게 한 〈잇셀프〉 카페와 회원님들,
그중 특히 사진과 DIY에 직접적인 도움을 주신 별땅님, 려려님, 반짝님, 사랑해요!
같이 작업한 일이 많은 탓에 책 쓰는 내내 엄청 귀찮게 한 로망띠끄 작가님!
속이 다 시원하실 듯!
물심양면 자료 주신 제이엠마인, 양군, 히치하이커, 일그람, 이담애, 디어베일, 사진스튜디오, 그가 사랑하는 순간 작가님들.
사진 제공해주신 페레(영호 씨!), 에스(특히 정대철 실장님!) 우노(진상 씨!) 오브, 소호, 스타 스튜디오, 더녹.
결정적으로 책의 질을 완전 업그레이드 해준 우리 모델들.
수현, 희정, 지현, 은혜, 정우, 광천! 기꺼이 허락해줘서 완전 땡큐!
또 책에 실리는 걸 마다하지 않고 기뻐해주신 내 신부님들!
희야님, 오월의신부님, 반지루님, 담쓰님, 세진님, 나영씨, 아원씨, 동진오빠, 달님님, 현승씨, 수진씨, 경혜씨
잘 모르는 턱시도에 대해 알기 쉽게 알려주시고 자료주신 아르코발레노 유동화 대표님!
쿠폰 지원 아낌없이 주신 여러 업체들 감사합니다!
그리고 정신적으로 내내 도움주신 분들.
씨양님, 은정언니, 장영주 원장님, 이정화 원장님, 상희님, 키친샘, 제이샘, 우리져니…
음 또… 계속 글 쓰라고 잔소리(?)해준 민지, 다영. 고맙다. 너네 때문에 더 쓰기 싫었다.
감사하고 싶은 분들 너무 많지만 이만 줄이며
마지막으로 엄마, 아빠, 언니에게도 감사의 인사를 전합니다.

다들 고맙고 사랑합니다.

셀프웨딩 스타일북

초판 1쇄 인쇄 2014년 1월 25일
초판 1쇄 발행 2014년 1월 25일

지은이 웬디
펴낸이 윤주용

펴낸곳 초록비책공방
출판등록 2013년 4월 25일 제2013-000130
주소 서울시 마포구 월드컵북로400 문화콘텐츠센터 5층 19호
전화 0505-566-5522 팩스 02-6008-1777
메일 jooyongy@daum.net

ISBN 979-11-951742-7-0 (13590)

* 정가는 책 뒤표지에 있습니다.

SELF WEDDING GIFT COUPON

그가 사랑하는 순간 스냅 우대쿠폰

1. 계약 시 앨범 6페이지 업그레이드
2. 5R 액자 2개 증정

문의 02-545-7993
주소 강남구 논현동 107-45 유원빌딩 지하1층
홈피 http://www.그가사랑하는순간.com/

그가 사랑하는 순간
THE MOMENT

SELF WEDDING GIFT COUPON

로망띠끄 스냅 우대쿠폰

1. 본식 계약 시 20R 액자 증정
2. 리허설 계약 시 11R 우드마트 액자 증정

문의 010-9972-7194
홈피 http://www.romantiquef4.com/

SELF WEDDING GIFT COUPON

제이엠마인 스냅 우대쿠폰

1. 본식 계약 시 신혼여행 화보집(14inchx11inch) 30p 증정
2. 본식과 리허설 동시 계약 시
   20R 대형 액자 추가 증정

문의 010-87327-6253
홈피 www.jmmine.com

SELF WEDDING GIFT COUPON

양군 스냅 우대쿠폰

계약 시 11 R 우드아트 액자 증정

문의 010-8974-5156
홈피 http://www.ygpgs.com/

순간을 담다.
Yang Goon PhotoGraphy
http://www.ygpgs.com

SELF WEDDING GIFT COUPON

- 본 쿠폰은 1인 1매에 한하고 현금 교환은 불가합니다.
- 타 쿠폰과 중복 사용 및 제휴할인이 불가합니다.
- 업체에 따라 워킹 계약시 사용할 수 있으며, 쿠폰을 확인하는 소정의 절차가 있을 수 있습니다.

사용기간 2015년 1월 1일 ~ 2015년 12월 31일까지

SELF WEDDING GIFT COUPON

- 본 쿠폰은 1인 1매에 한하고 현금 교환은 불가합니다.
- 타 쿠폰과 중복 사용 및 제휴할인이 불가합니다.
- 업체에 따라 워킹 계약시 사용할 수 있으며, 쿠폰을 확인하는 소정의 절차가 있을 수 있습니다.

사용기간 2015년 1월 1일 ~ 2015년 12월 31일까지

SELF WEDDING GIFT COUPON

- 본 쿠폰은 1인 1매에 한하고 현금 교환은 불가합니다.
- 타 쿠폰과 중복 사용 및 제휴할인이 불가합니다.
- 업체에 따라 워킹 계약시 사용할 수 있으며, 쿠폰을 확인하는 소정의 절차가 있을 수 있습니다.

사용기간 2015년 1월 1일 ~ 2015년 12월 31일까지

SELF WEDDING GIFT COUPON

- 본 쿠폰은 1인 1매에 한하고 현금 교환은 불가합니다.
- 타 쿠폰과 중복 사용 및 제휴할인이 불가합니다.
- 업체에 따라 워킹 계약시 사용할 수 있으며, 쿠폰을 확인하는 소정의 절차가 있을 수 있습니다.

사용기간 2015년 1월 1일 ~ 2015년 12월 31일까지

SELF WEDDING GIFT COUPON

마루 스튜디오 우대쿠폰

1. 본식 계약 시 메이크업실 추가촬영

문의 02-523-8722

SELF WEDDING GIFT COUPON

유라인 스튜디오

웨딩촬영 후 카페에 후기 올려주신 분께
8x10 사이즈 액자 서비스

문의 010-8617-0179
홈피 http://www.yurahome.com/

SELF WEDDING GIFT COUPON

일그람 포토그라피 우대쿠폰

계약 시 11 R 우드아트액자 증정

문의 010-2641-4850
홈피 www.1gramphoto.com

SELF WEDDING GIFT COUPON

프로비아스포사 할인&우대쿠폰

1. 드레스 투어비 무료
2. 계약 시 5% 할인

문의 02-542-6939
주소 서울특별시 강남구 삼성로149길 3-12
홈피 http://www.proviasposa.com

SELF WEDDING GIFT COUPON

- 본 쿠폰은 1인 1매에 한하고 현금 교환은 불가합니다.
- 타 쿠폰과 중복 사용 및 제휴할인이 불가합니다.
- 워킹 계약시 사용할 수 있으며, 쿠폰을 확인하는 소정의 절차가 있을 수 있습니다.

사용기간 2015년 1월 1일 ~ 2015년 12월 31일까지

SELF WEDDING GIFT COUPON

- 본 쿠폰은 1인 1매에 한하고 현금 교환은 불가합니다.
- 타 쿠폰과 중복 사용 및 제휴할인이 불가합니다.
- 워킹 계약시 사용할 수 있으며, 쿠폰을 확인하는 소정의 절차가 있을 수 있습니다.

사용기간 2015년 1월 1일 ~ 2015년 12월 31일까지

SELF WEDDING GIFT COUPON

- 본 쿠폰은 1인 1매에 한하고 현금 교환은 불가합니다.
- 타 쿠폰과 중복 사용 및 제휴할인이 불가합니다.
- 워킹 계약시 사용할 수 있으며, 쿠폰을 확인하는 소정의 절차가 있을 수 있습니다.

사용기간 2015년 1월 1일 ~ 2015년 12월 31일까지

SELF WEDDING GIFT COUPON

- 본 쿠폰은 1인 1매에 한하고 현금 교환은 불가합니다.
- 타 쿠폰과 중복 사용 및 제휴할인이 불가합니다.
- 워킹 계약시 사용할 수 있으며, 쿠폰을 확인하는 소정의 절차가 있을 수 있습니다.

사용기간 2015년 1월 1일 ~ 2015년 12월 31일까지

SELF WEDDING GIFT COUPON

HITCHHIKER

히치하이커 스냅 우대쿠폰

1. 11x14 인치 라미나액자(아크릴)
2. 블로그 및 카페 후기 작성 시 50장 추가보정 서비스

문의 010-5294-9944
홈피 http://www.hitch-hiker.co.kr/

SELF WEDDING GIFT COUPON

DEARVEIL
DEARVEIL

디어베일 스냅 우대쿠폰

1. 계약 시 11R 라미나 액자
2. 후기 작성 시 5R 인화본 30장 증정

문의 02-542-8722
홈피 http://www.dearveil.co.kr/

SELF WEDDING GIFT COUPON

CIEL DE SOUL STUDIO

씨엘드소울 스냅 우대쿠폰

1. 계약 시 11R 액자 증정
2. 후기 작성 시 10페이지 추가

문의 02-515-9605
홈피 http://cieldesoul.com/

SELF WEDDING GIFT COUPON

SAJIN STUDIO

사진스튜디오 할인쿠폰

1. 계약 시 10% 할인

문의 02-511-1510
홈피 http://www.sajinstudio.com/

SELF WEDDING GIFT COUPON

- 본 쿠폰은 1인 1매에 한하고 현금 교환은 불가합니다.
- 타 쿠폰과 중복 사용 및 제휴할인이 불가합니다.
- 워킹 계약시 사용할 수 있으며, 쿠폰을 확인하는 소정의 절차가 있을 수 있습니다.

사용기간 2015년 1월 1일 ~ 2015년 12월 31일까지

SELF WEDDING GIFT COUPON

- 본 쿠폰은 1인 1매에 한하고 현금 교환은 불가합니다.
- 타 쿠폰과 중복 사용 및 제휴할인이 불가합니다.
- 워킹 계약시 사용할 수 있으며, 쿠폰을 확인하는 소정의 절차가 있을 수 있습니다.

사용기간 2015년 1월 1일 ~ 2015년 12월 31일까지

SELF WEDDING GIFT COUPON

- 본 쿠폰은 1인 1매에 한하고 현금 교환은 불가합니다.
- 타 쿠폰과 중복 사용 및 제휴할인이 불가합니다.
- 워킹 계약시 사용할 수 있으며, 쿠폰을 확인하는 소정의 절차가 있을 수 있습니다.

사용기간 2015년 1월 1일 ~ 2015년 12월 31일까지

SELF WEDDING GIFT COUPON

- 본 쿠폰은 1인 1매에 한하고 현금 교환은 불가합니다.
- 타 쿠폰과 중복 사용 및 제휴할인이 불가합니다.
- 워킹 계약시 사용할 수 있으며, 쿠폰을 확인하는 소정의 절차가 있을 수 있습니다.

사용기간 2015년 1월 1일 ~ 2015년 12월 31일까지

SELF WEDDING GIFT COUPON

CONSTANT RAIN
DESIGN BY B

컨스탄트레인 할인&우대쿠폰

1. 대여 시 10% 할인
2. 맞춤상담, 계약 시 부케 무료

문의 010-5002-6720
주소 강남구 논현동 97-20번지 402호
홈피 http://blog.naver.com/constant_r/

SELF WEDDING GIFT COUPON

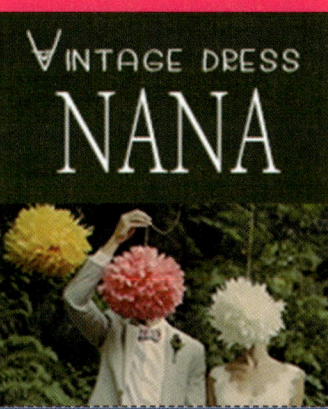

나나씨 할인&우대쿠폰

1. 드레스 대여 시 10% 할인
2. 2벌 대여 시 1벌 무료
3. 드레스 구매 시 1벌 대여 및 소품가방 증정

문의 010-8924-1005
홈피 http://www.vintagewedding.co.kr/

SELF WEDDING GIFT COUPON

플로라 바이 이정화 우대쿠폰

계약 시 에어브러시 마사지 1회

문의 02-572-6939
주소 서초구 강남대로 213 엘타워2층
홈피 http://www.florastyle.kr/

SELF WEDDING GIFT COUPON

더 녹 할인쿠폰

디렉팅 계약 시 5% 할인

문의 070-7535-9225
홈피 http://blog.naver.com/theknok

SELF WEDDING GIFT COUPON

- 본 쿠폰은 1인 1매에 한하고 현금 교환은 불가합니다.
- 타 쿠폰과 중복 사용 및 제휴할인이 불가합니다.
- 워킹 계약시 사용할 수 있으며, 쿠폰을 확인하는 소정의 절차가 있을 수 있습니다.

사용기간 2015년 1월 1일 ~ 2015년 12월 31일까지

SELF WEDDING GIFT COUPON

- 본 쿠폰은 1인 1매에 한하고 현금 교환은 불가합니다.
- 타 쿠폰과 중복 사용 및 제휴할인이 불가합니다.
- 워킹 계약시 사용할 수 있으며, 쿠폰을 확인하는 소정의 절차가 있을 수 있습니다.

사용기간 2015년 1월 1일 ~ 2015년 12월 31일까지

SELF WEDDING GIFT COUPON

- 본 쿠폰은 1인 1매에 한하고 현금 교환은 불가합니다.
- 타 쿠폰과 중복 사용 및 제휴할인이 불가합니다.
- 워킹 계약시 사용할 수 있으며, 쿠폰을 확인하는 소정의 절차가 있을 수 있습니다.

사용기간 2015년 1월 1일 ~ 2015년 12월 31일까지

SELF WEDDING GIFT COUPON

- 본 쿠폰은 1인 1매에 한하고 현금 교환은 불가합니다.
- 타 쿠폰과 중복 사용 및 제휴할인이 불가합니다.
- 워킹 계약시 사용할 수 있으며, 쿠폰을 확인하는 소정의 절차가 있을 수 있습니다.

사용기간 2015년 1월 1일 ~ 2015년 12월 31일까지

SELF WEDDING GIFT COUPON

아르코발레노 무료증정쿠폰

아르코발레노 맞춤예복 패키지 계약 시
넥타이(4만 원 상당) 증정

문의 02-549-9711
주소 강남구 강남대로154길 34 (신사동 515-2번지)
홈피 http://www.arcovaleno.co.kr/

SELF WEDDING GIFT COUPON

웨딩 프레젠트 10% 할인쿠폰

문의 070-8118-4340
홈피 www.weddingpresent.co.kr

SELF WEDDING GIFT COUPON

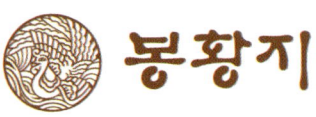

봉황지 할인쿠폰

계약 시 예단 15% 할인, 혼수 10% 할인

문의 02-548-5512
주소 강남구 신사동 629-41 히메빌딩 3층
홈피 http://www.bonghwanggi.com/

SELF WEDDING GIFT COUPON

J✦LINA

제이라나 할인&우대쿠폰

1. 방문 시 목걸이 증정
2. 계약 시 세팅비 20% 할인
3. 전 구매 고객 14k 모니카티아라
셀레브레드링 증정(단품 구입 시 제외)

문의 02-544-5462 주소 강남구 청담동 99-2 다우빌딩 4층
홈피 www.jlina.com

SELF WEDDING GIFT COUPON

- 본 쿠폰은 1인 1매에 한하고 현금 교환은 불가합니다.
- 타 쿠폰과 중복 사용 및 제휴할인이 불가합니다.
- 워킹 계약시 사용할 수 있으며, 쿠폰을 확인하는 소정의 절차가 있을 수 있습니다.

사용기간 2015년 1월 1일 ~ 2015년 12월 31일까지

SELF WEDDING GIFT COUPON

- 본 쿠폰은 1인 1매에 한하고 현금 교환은 불가합니다.
- 타 쿠폰과 중복 사용 및 제휴할인이 불가합니다.
- 워킹 계약시 사용할 수 있으며, 쿠폰을 확인하는 소정의 절차가 있을 수 있습니다.

사용기간 2015년 1월 1일 ~ 2015년 12월 31일까지

SELF WEDDING GIFT COUPON

- 본 쿠폰은 1인 1매에 한하고 현금 교환은 불가합니다.
- 타 쿠폰과 중복 사용 및 제휴할인이 불가합니다.
- 워킹 계약시 사용할 수 있으며, 쿠폰을 확인하는 소정의 절차가 있을 수 있습니다.

사용기간 2015년 1월 1일 ~ 2015년 12월 31일까지

SELF WEDDING GIFT COUPON

- 본 쿠폰은 1인 1매에 한하고 현금 교환은 불가합니다.
- 타 쿠폰과 중복 사용 및 제휴할인이 불가합니다.
- 워킹 계약시 사용할 수 있으며, 쿠폰을 확인하는 소정의 절차가 있을 수 있습니다.

사용기간 2015년 1월 1일 ~ 2015년 12월 31일까지

SELF WEDDING GIFT COUPON

콩뮤직 10% 할인쿠폰

1. 계약 시 5% 할인
2. 후기 작성 시 5% 추가 할인

문의 070-8944-7300, 010-6427-7299
홈피 www.congmusic.com

SELF WEDDING GIFT COUPON

그레이스풀 케이터링 5% 할인쿠폰

문의 080-235-9999
주소 성동구 성수2가 3동 289-22
홈피 www.gracewc.kr

SELF WEDDING GIFT COUPON

이모하 커플링 무료체험

문의 02-6449-2001
주소 종로구 필운대로 2길 25
홈피 http://www.yimoha.com/
블로그 http://blog.naver.com/yimohaha

SELF WEDDING GIFT COUPON

THE KNOK

Global wedding consulting / Travel directing

더녹 부케 20% 할인쿠폰

문의 070-7535-9225
홈피 http://blog.naver.com/theknok

SELF WEDDING GIFT COUPON

- 본 쿠폰은 1인 1매에 한하고 현금 교환은 불가합니다.
- 타 쿠폰과 중복 사용 및 제휴할인이 불가합니다.
- 워킹 계약시 사용할 수 있으며, 쿠폰을 확인하는 소정의 절차가 있을 수 있습니다.

사용기간 2015년 1월 1일 ~ 2015년 12월 31일까지

SELF WEDDING GIFT COUPON

- 본 쿠폰은 1인 1매에 한하고 현금 교환은 불가합니다.
- 타 쿠폰과 중복 사용 및 제휴할인이 불가합니다.
- 워킹 계약시 사용할 수 있으며, 쿠폰을 확인하는 소정의 절차가 있을 수 있습니다.

사용기간 2015년 1월 1일 ~ 2015년 12월 31일까지

SELF WEDDING GIFT COUPON

- 본 쿠폰은 1인 1매에 한하고 현금 교환은 불가합니다.
- 타 쿠폰과 중복 사용 및 제휴할인이 불가합니다.
- 워킹 계약시 사용할 수 있으며, 쿠폰을 확인하는 소정의 절차가 있을 수 있습니다.

사용기간 2015년 1월 1일 ~ 2015년 12월 31일까지

SELF WEDDING GIFT COUPON

- 본 쿠폰은 1인 1매에 한하고 현금 교환은 불가합니다.
- 타 쿠폰과 중복 사용 및 제휴할인이 불가합니다.
- 워킹 계약시 사용할 수 있으며, 쿠폰을 확인하는 소정의 절차가 있을 수 있습니다.

사용기간 2015년 1월 1일 ~ 2015년 12월 31일까지

SELF WEDDING GIFT COUPON

flower&deco
pinkpia

핑크피아 할인쿠폰

1. 부케 20% 할인
2. 웨딩장식 5% 할인

문의 02-543-6765
홈피 http://www.pinkpia.co.kr

SELF WEDDING GIFT COUPON

지성조 한복 할인&우대쿠폰

1. 맞춤 시 촬영한복 무료 서비스
2. 한복 대여 시 10% 할인

문의 070-7535-9225
홈피 http://blog.naver.com/theknok

SELF WEDDING GIFT COUPON

이선영 한복 할인&우대 쿠폰

1. 신랑·신부 실속형 한복맞춤 54만 원
2. 신랑·신부 고급형 한복맞춤 72만 원
(고급형 맞춤 시 신부님 배자조끼 서비스)

구성 : 한복맞춤, 캉 속치마, 속바지, 버선, 속적삼, 핸드백, 노리개, 고름핀, 꽃신, 예단봉투 및 함속일체 / 웨딩촬영 시 한복탑드레스, 궁중당의, 첩지, 비녀, 배씨댕기, 용포, 갓신, 무료대여

문의 02-3446-2750 주소 강남구 논현동 102-26번지 2층
(강남구청역 3번출구 방면, 영동고등학교 건너편)

SELF WEDDING GIFT COUPON

- 본 쿠폰은 1인 1매에 한하고 현금 교환은 불가합니다.
- 타 쿠폰과 중복 사용 및 제휴할인이 불가합니다.
- 워킹 계약시 사용할 수 있으며, 쿠폰을 확인하는 소정의 절차가 있을 수 있습니다.

사용기간 2015년 1월 1일 ~ 2015년 12월 31일까지

SELF WEDDING GIFT COUPON

- 본 쿠폰은 1인 1매에 한하고 현금 교환은 불가합니다.
- 타 쿠폰과 중복 사용 및 제휴할인이 불가합니다.
- 워킹 계약시 사용할 수 있으며, 쿠폰을 확인하는 소정의 절차가 있을 수 있습니다.

사용기간 2015년 1월 1일 ~ 2015년 12월 31일까지

SELF WEDDING GIFT COUPON

- 본 쿠폰은 1인 1매에 한하고 현금 교환은 불가합니다.
- 타 쿠폰과 중복 사용 및 제휴할인이 불가합니다.
- 워킹 계약시 사용할 수 있으며, 쿠폰을 확인하는 소정의 절차가 있을 수 있습니다.

사용기간 2015년 1월 1일 ~ 2015년 12월 31일까지